U0942263

擁抱危機的事奉傳承

提摩太後書析讀

曾思瀚 著

曾景恒 譯

基道出版社

▼

聖經通識叢書

擁抱危機的事奉傳承

提摩太後書析讀

Rediscovering the Bible
Book of 2 Timothy

作者
曾思瀚 Sam Tsang

譯者
曾景恒

責任編輯
許寶瑩、吳國雄

裝幀設計
奇文雲海・設計顧問

■

出版／發行
基道出版社
香港沙田火炭坳背灣街 26 號富騰工業中心 1011 室
LOGOS PUBLISHERS
Unit 1011, Fo Tan Ind. Centre, 26 Au Pui Wan St., Shatin, Hong Kong
電話：(852) 2687-0331　傳真：(852) 2687-0281
網址：http://www.logos.com.hk

承印
海洋印務有限公司

●

7/2014 初版
Cat. No. LP191
ISBN: 978-962-457-487-6

Printed in Hong Kong

刷次	10	9	8	7	6	5	4	3	2	1
年份	2023	2022	2021	2020	2019	2018	2017	2016	2015	2014

聖經書卷析讀——新約系列

出版研經工具書的主要目的，是要將上帝的話語向現代人闡明，讓一羣愛好研讀聖經的信徒得到適切的指引。近代聖經研究無疑對於這項工作提供莫大的幫助，可惜學者採用的語言往往晦澀難明，令平信徒望而卻步。「聖經通識叢書」的出版試圖作為兩者的橋梁，將那些看來深奧的學術理論，化成顯淺的文字，讓平信徒可享受當今學者努力研鑽的成果。本叢書設「聖經鳥瞰」、「聖經書卷要領」和「聖經書卷析讀」3 個層次，提供信徒不同程度的需要。

「聖經書卷析讀」是「聖經通識叢書」第三層次，以「聖經書卷要領」為基礎，進深分析每本聖經書卷的內容和信息。它近乎一本釋經書，對有關書卷進行逐段解釋，針對每一書卷類別，按其文學格式、歷史背景，以及神學主題作出提綱挈領的分析，又從每書卷中挑選一些課題作較深入的討論。編者期望藉著這一系列聖經書卷的介紹，讓信徒能跨過學術的門檻，得以認識近代華人學者對聖經不同類別書卷整體的研究成果，並掌握這些書卷的入門。現已出版的新約書卷計有：《奔走風塵的僕人——馬可福音析讀》、《逆轉人生的上帝之子——路加福音析讀》、《道成為人的耶穌——約翰福音析讀》、《風起雲湧的初代教會——使徒行傳析讀》、《情理之間持信道——加拉太書、帖撒羅尼迦前後書析讀》、《僕人領袖的教導與領導——提多書、提摩太前書析讀》、《同歸於一得基業——以弗所書析讀》（出版中）。此層次的書既反映個別學者嚴謹的學術研究，又務求達致活潑和生動的表達，其內容除了包含淺白易明的析讀，也在每章結尾附加「釋經短註」（以 ❶、❷ 等標示），以幫助讀者更深入了解經文。此外，本書也加插「信仰反省」部分，以引導讀者將經文內容繫於他的信仰生活中。本叢書也提供溫習及思考問題，一方面讓讀者重溫此書的內容，也幫助讀者思考經文如何應用在他的信仰生活中。這些問題可供個人研讀或小組討論，讓上帝再次藉著聖經向每一個人説話。

最後仍須提及有關閱讀此書的一些事情。除特別標明外，本書所採用的聖經經文均引自《和合本修訂版》，並且凡經文引自這書討論的書卷，無論是一段或是其中的短語，又或詞彙，皆以「標楷體」標示。

序言

這本書可說是我教學的成果，因為在撰寫此書之前，我曾在不同地方教授過提摩太後書。提摩太後書與前書，以及提多書往往合稱為保羅的教牧書信。不過，我沒有把提摩太後書與前書及提多書併在一起處理，是有原因的。首先，提摩太後書是寫給個人的，而且其討論的內容及歷史情況與前書和提多書完全不同。假如我們與提摩太前書一併討論，就失卻了後書的寫作特色。再者，我認為保羅是以兩種截然不同的修辭技巧來寫前書及後書。我不肯定研讀提多書及提摩太前書的方法是否適合於提摩太後書，但我選擇了以兩種不同的研究進路來作分析。這都是導致我把提摩太後書分開來處理的原因。另外，書中討論提摩太後書作者的部分，內容較為簡單，曾閱讀《僕人領袖的教導與領導——提多書、提摩太前書析讀》的讀者或許會留意到，我已經在該書作過詳細討論，在此便不再贅言了。但是，我亦相信有需要為那些只讀此書的讀者重述某些相關資料，因為提摩太前書和提多書討論的議題，同樣也衝擊著提摩太後書的讀者。因此，若你已讀過《僕人領袖的教導與領導》，請你多多包容。你可以跳過不看你熟悉的部分，除非你想再重溫這些資料。

撰寫這書有另一個私人的原因。筆者全時間事奉超過 20 年，對教會又愛又恨。身為牧者，我愛教會，就如基督也愛教會一樣。但是，作為一個學者也已接近 15 年的我，對教會存著神聖（希望是這樣）的不滿。我主要是在華裔－亞裔美籍人士的教會當中事奉，其中也包括一些講英語的非亞裔人士。無論在西方或在華人的世界，有關領袖的著作足以填滿幾間房間，但這類著作大多都缺乏正確的釋經作為他們討論的基礎；更可惜的是，其中的著作亦有不少只像釋經資料手冊。當人人都閱讀這類有關事奉及牧養教會的著作，而沒有好好以聖經教導作基礎或指引，結果每個人對領袖的定義各有不同。而且，閱讀這類書的除了牧者，也有不少平信徒。當平信徒對這方面的事情知多了，不期然會認為自己的牧者有很多不足的地方，自然也會告訴他們要怎樣去事奉。我撰寫此析讀，是盼望能為一個事奉人員提供另一幅事奉的圖畫，而且是按著經文的詮釋來描繪的。

我對世界各地的華人教會的情況特別感到不滿（不只是在香港或美國）。概括來說，教會的牧養工作與教會到底是甚麼這兩者之間，確實存在著一股張力。提摩太後書針對的也是這些問題。它不只論到提摩太應該怎樣帶領教會，也論到當教會及它的領袖面對危機之時，教會應如何回應。這卷書除了提醒提摩太要如何在危機中堅持學習並宣講真理信息，也間接處理了甚麼是重要及不可或缺的教會教義（參二 14）。保羅多次告訴提摩太要知道並教導真理，反映了這事對一個事奉人員是多麼重要。此外，保羅要求提摩太嚴肅地提醒教會，要將信仰傳統傳承下去，免得當這些傳統被遺忘之時，教會也不再是教會了。今天的教會甚少在講壇上宣講提摩太後書的信息，導致我們的教會失去了某些重要的真理信息。

最後須提及的一點是，不少人常認為提摩太後書是保羅寫給提摩太的個人書信，因此它的讀者應該只是教會領袖，與平信徒無關。從受信人的角度看，這或許是真的，但從內容上看卻不然。若從保羅嘗試糾正一些教會內部問題之時所提供的倫理指引和生活應用上看，讀者便發現這些內容對所有信徒都是一個很好的提醒。我祈求上帝使用此書，使它不只能夠改變領袖的心，同樣也能夠改變平信徒的心。

撰寫這本書實在要感謝很多人。感謝基道出版社「聖經通識叢書」組稿編輯許寶瑩邀請我撰寫《僕人領袖的教導與領導》及這本書。我也感謝已為我翻譯了3本書的曾景恒，她不只是我的同工，也是一位關心我和我工作的好友。最後，我也為著我的妻子與孩子感恩。他們隨著我移居到世界各地，展示了他們對我無比的忍耐。願上帝得著一切的榮耀！

曾思瀚

www.engagescriptures.org

將臨節 2013

錄

專欄目錄

第一章

提摩太後書導論

- 作者：保羅？
- 成書日期
- 讀者：提摩太
- 如何研讀提摩太後書
- 提摩太後書的結構
- 主旨與內容
- 參考書目

1.1 作者：保羅？

1.1.1 外證

1.1.1.1 其他文獻資料

教會歷史一直接納保羅是提摩太書信和提多書的作者（又或至少承認這些書信出自同一位作者）。根據外證，早期教會都認為教牧書信是保羅的著作，但這説法並不是壓倒性的。**馬歇爾**（I. Howard Marshall）以表列説明早期教父也曾使用提摩太書信和提多書的內容。❶ 根據他的表列，早期教會對教牧書信的使用率與現代新約聖經研究的結果頗為一致，都是偏低的。另方面，那些最接近保羅時代的教父著作，乃廣泛引用羅馬書、哥林多前後書及加拉太書。換言之，這 3 封書信在早期教會時代並沒有太大的作者爭議。然而，相對於上述沒有作者爭議的書信，教牧書信卻較少被教父引用。

馬歇爾列出早期教父引用提摩太後書的有兩位，就是士每拿的坡旅甲（Polycarp of Smyrna；約 69 ～ 155 年）及安提阿的伊格那丟（Ignatius of Antiochus；約 35 ～ 107/112 年）。前者引用率較高。

須留意的是，被視為最早的新約書卷正典名單「**穆拉多利經目**」（Muratorian Canon），也包括提摩太書信和提多書在內。大部分學者都視這經目為最古老的新約書卷正典名單，它**可能於 2 至 3 世紀由希臘文譯成拉丁文**。另外，這些書卷卻沒有出現於公元 2 世紀馬吉安（Marcion）寫的正典名單。雖然馬吉安被判為異端，但聖經學者一直認為他為新約正典書目提供了重要資料。那麼，這些資料是否反映提摩太書信及提多書不屬於正典？很多聖經學者——無論是支持或反對提摩太後書是由保羅寫的——都認為馬吉安之所以沒有將提摩太書信及提多書列入正典，是基於他的神學立場（他反對這些書卷支持妥拉；參提前一 8～11），又或他根本

「穆拉多利經目」亦有可能早於 1 世紀已被譯成拉丁文。

忽略了這些書卷。因此，提摩太書信及提多書沒有被納入馬吉安的書目，未必與這些書卷是否正典有關。不過，仍有未解決的問題是，甚至連最可靠的「貝蒂蒲草紙抄本集」（Chester Beaty Papyri；公元 2 至 3 世紀時期的抄本）裏最古老的（也相當可靠）抄本 P^{46}，也缺了提摩太書信及提多書。由此可見，上列這些外證，未能確切地支持或反對保羅是提摩太書信及提多書的作者。

1.1.1.2 結論

有了上述的外證概覽，便在這裏稍作總結。雖然如今的學術趨勢認為教牧書信是後期和非由保羅所寫的著作，但是第二世紀的教父著作，例如：坡旅甲的「致腓立比人書」（〔*Epistle to Philippians*〕4.1）和愛任紐（Irenaeus of Lyon）的「反駁異端」（〔*Adversus Haereses*〕1），早已宣稱保羅是這些書信的作者。我們不能對這些宣稱掉以輕心，也不能推翻說這些教父的宣稱是別有目的。孟恩斯（William Mounce）從那些在羅馬和亞細亞事奉的教父身上，尋找到 16 項廣泛的證據來支持這些書信的權威，而這些教父大多是在保羅死後不到 50 年期間工作的。此外，他也有很強的論點指出這些書信是由保羅寫的。❷ 廣泛的證據很重要，而且某程度上，甚至比只有某一層面的多項證據更重要，因為廣泛的證據表示有廣泛地區的教父都廣泛認同保羅是作者，而其中的坡旅甲——使徒約翰的門徒——最有可能認識保羅甚或他的同工。雖然被納入正典與否不一定由作者身分來決定（例如：希伯來書），但也不能完全抹煞彼此的關係。基於「穆拉多利經目」支持教牧書信的正典性，這或多或少成為早期教會的見證以外再附加的證據，支持保羅為作者這身分。假如保羅為作者這身分只不過是謊言，那麼，這些書信要成為正典就十分困難了。然而，很多現代學者根據某個準則批判早期教會的證據，以此拒絕接受保羅就是作者。學術界普遍認同教牧書信不是保羅所寫的，有些學者甚至質疑歷史上是否真的有一位提摩太或提多去接受這些書信。❸ 哈理遜（P.N. Harrison）是另一位討論作者問題的主要學者，他大部分的討論都是基於不信任早期教會的外證而展開的。

1.1.2 內證

1.1.2.1 證據資料

現在讓我們轉去看看內證，這似乎構成了一個更大的問題。就內證而言，拒絕保羅是作者的論點，是基於兩方面的考量：神學角度、遣詞用字。

一、神學角度

就神學而言，提摩太書信與提多書中的保羅似乎對守妥拉有很多正面的說法，這表示作者很可能對律法的態度傾向保守。這一點有別於保羅其他的書信（參提前一 8～11；參羅二 12～16，三 20～ 31，八 1～8；加三 19～24）。可是，提摩太後書在這問題上並不如提摩太前書及提多書般突出。這個合理的討論值得注意。❹

若回應以上的問題，我們必須先承認，任何一封書信，包括沒有作者爭議的保羅書信在內，都有其獨特的神學主題。若只根據書信內的神學主題有別於保羅其他的書信而反對保羅是作者，便來得太武斷了。這樣研讀保羅著作會出現一個研究方法上嚴重的缺陷：研究的人仍未察覺到神學主題的關注其實只是每卷書信修辭處境的副產品，而不是真正的內容。換言之，研究的人忽略了作者寫書時的處境，也把理應從歷史及修辭角度研究保羅書信這方法抹煞了。在此以保羅對妥拉的看法作評論。保羅只是在加拉太書及羅馬書較後部分提及有關妥拉的討論，那並不算是保羅個人對妥拉的看法的主題性討論，而是源於歷史性的爭論，以及當時的處境需要，因而作出爭辯。保羅對妥拉的確實看法是不能單單從每卷書信表面的文字內容作分析的，也不能不去理解當時如何因應教會處境而使用不同的修辭技巧。保羅的「神學」之所以產生不同變化，是因為詮釋者對不同書卷各自有不同的詮釋，而未必是保羅在不同書信中有不同的詮釋。

二、遣詞用字

用詞方面的議題則較為複雜。教牧書信約有 175 個詞彙是沒有出現於新約聖經，也有接近三分一的詞彙是從未出現於沒有爭議的保羅書信中，其中有 93 個詞彙卻出現於公元 2 世紀的教父著作中。這樣的問題遠比監獄書信的作者問題複雜。❺ 莫非教牧書信是教父託保羅的名寫的嗎？

教牧書信出現遣詞用字的問題，是那些主張保羅是作者的學者難以處理的，因為他們必須找出一個可以解釋這些書信出現不同用詞的理論支持他們。根據上述提出的那些批判，可以將學者理解教牧書信的作者身分，綜合為 4 個基本的理論：

- 詮釋者可以簡單地接納保羅是作者。在教會歷史大部分時間裏，這個看法一直主導著保守的學者。
- 詮釋者可以基於種種解釋上的困難，拒絕接受教牧書信是由保羅寫的。專於研究教牧書信的學者昆爾（Jerome D. Quinn）因突然離世，便由他最後一位學生韋嘉（William C. Wacker）承繼他的大業，延展他的研究。韋嘉對教牧書信作了十分詳盡的研究。他是以教父著作為教牧者書信用詞研究的來源，假設了教牧書信不是由保羅所寫的，他認為這些書卷都是託名作品。他作出這樣的假設，並不是沒有道理的，因為他發現了教牧書信所用的詞彙同時都出現於初期教父著作中。❻

- 詮釋者可以合併第一及第二個理論，指出真正執筆的不是保羅，而是他其中一個門徒。這門徒之所以執筆，是要傳遞保羅一直關注的教導。這些教導繼而傳到以弗所和克里特的基督徒羣體那裏。

第三個理論十分吸引，而且也很中肯，因為它察覺到第一和第二個理論不足之處。對於那些單從正典看新約的人來説，第二個理論尤其難以接受，因為託名著作是不被列入新約正典之內的，除非教牧書信是例外。

除了以上 3 種理論，筆者提出第四種説法。在古時那仍未有印刷品及現代電子信息傳遞之時，人對「作者」的理解與今天不同。在保羅時代，他可以口述自己著作的大綱，然後他的一位門徒便為他編輯內容。編輯完畢，保羅便複核內容，並確定那就是他對教會的關注。提摩太書信及提多書可能就在這情境下寫成的。韋特寧頓（Ben Witherington III）直接指出路加可能有參與教牧書信的撰寫工作。❼不能忽略的是，保羅在不同書信裏討論相同的教義和議題時，可能會有不同的態度，這極可能與當時受信人的歷史處境有關；他使用不同的用詞，則可能是因為每封書信都有不同的代筆人。這些代筆人會因應某種歷史處境需要，而使用不同的用詞。帕拉也（Michael Prior）在研究古代著作後，也得出同樣的結論：或許有其他人幫助保羅寫了書信的大部分內容。❽

1.1.2.2 結論

有關上文討論的內證，會衍生一些可討論的議題；接著逐一為這些議題作論述。

一、詞彙使用的議題

首先，學者之所以質疑有些書信是由保羅所寫，是基於一個理論，就是某些保羅著作，例如：羅馬書、哥林多書信等，較能肯定是由保羅所寫的。這樣討論作者的身分，其背後是有著某種循環論證的：學者大致根據書信的用詞和神學思想，先廣泛地認同哪些書信是由保羅所寫。接著，學者繼而在這個框架中根據他們個人的準則去衡量哪些書信有作者爭議。孟恩斯的研究很有說服力，他根據加拉太書和羅馬書這兩卷沒有作者爭議的保羅書信使用的詞彙作出一些數據統計。他的統計帶出了一個事實：這兩卷書信出現的不少詞彙若不是在其他沒有作者爭議的保羅書信中較少出現，就是完全沒有出現過。[9] 若根據這些數據作循環論證，是可以得出一個結論：除了加拉太書和羅馬書，其他看為沒有作者爭議的書信，都要列為對作者身分存疑的書信了。使用數據的方法假設了保羅在他的書信裏，是恆常並平均地使用某些詞彙。就如孟恩斯指出，同樣的數據可以證明及否定有作者爭議的保羅書信。換言之，同樣的邏輯既可以否定作者的身分，也可以證明作者的身分。那麼，這種方法仍然有效嗎？

hapax legomenon 是希臘文用語。它的意思是指在某特定的文獻中，例如舊約希伯來文書卷或新約希臘文書卷中，只出現 1 次的詞語或短語。

再者，希臘文既然不是保羅的母語，我們只可以想像保羅是在市集或其他修辭的處境中學會說話的方式。不過，對如此傑出的保羅，新的修辭和詞彙是可以完全在他掌握之中的。假如保羅書信中有超過一半的「獨有詞彙」(***hapax legomenon***)出現在 2 世紀教父著作中，這可能反映這些教父是從保羅一些幫助他撰寫教牧書信的助手那裏學到保羅的一些思想。因此，昆爾和韋嘉所觀察到的資料是正確的，但卻只能為作者身分提供一種解釋，而未必是真相的全部。這些資料同樣可以輕易地用來支持另一個觀點，就是那些有作者爭議的書信未必是由教父所寫的，而是教父使用了保羅自己的傳統及沿用了代筆人的用語。我們所認識的歷史中的保羅，似乎是一個很懂得招募和訓練他的門徒去幫助他工作的領袖。換言之，結合代筆參與的理論，以及與2世紀教父著作用語平行，反而是支持保羅可能一直有參與撰寫教牧書信的有力證據。接著是討論關於保羅寫作的過程，這議題可能更為複雜。

二、保羅書信出現的代筆人

事實上，保羅時代的代筆情況是怎樣的呢？筆者在這問題上作出一個大膽卻應該是正確的假設：在那些日子，代筆寫作的習慣與今天的情況大為不同。這是一個關鍵性的想法，而且對解釋作者的身分有重大影響，但是大部分詮釋者卻沒有仔細想過這一點。若我們假設保羅時代的寫作情況與今天相同，一開始就大錯特錯了。

保羅本身的著作有沒有暗示代筆人的參與呢？加拉太書六章11節表示，保羅所寫的字很大，這暗示了書信其他部分顯然有不同的筆迹（可能是較小的字體）。從他在書信中表達的言詞，彷似作了簽署般，這簽署保證了書信內容都是由保羅而來，就像是他親自執筆般。另外，哥林多前書十六章21節和腓利門書19節也顯示了類似的做法，他提及他親自執筆問安，這也像簽署般。這些結語至少反映了保羅個人化的意味，其中最明顯的仍然是羅馬書十六章22節，德提清楚寫明他是代筆寫信的人。他如此明顯表明他代筆人的身分，因為偽造書信是個嚴重的問題。❿ 使徒行傳十五章22至29節的耶路撒冷書信由兩個可靠的見證人送信，若受信人對書信的意思出現爭論，帶信人都會向收信人講解說明。現代聖經鑑別學家認為，教牧書信是不會出現代筆人的。若然如此，亦可以倒過來論證說：教牧書信若真的全是由保羅寫的，保羅其他的書信則可以由代筆人加以潤飾。若然如此，筆者便無法認同張永信所主張：保羅是因為眼疾而可能在他事奉生涯的後期使用了代筆人，因為加拉太書極可能是保羅最早期的著作，而哥林多書信無疑也是相對早期的（上文提及哥林多前書有代筆人的迹象）。善用某些最能擔任代筆的人其實是當時代寫作的一種習慣。一封記錄了保羅自己和他門徒筆迹的書信，是不會被當時代教會視為偽造的。因此，在斷定有沒有代筆人之先，了解 1 世紀的寫作情況與我們這時代之不同，是相當重要的。最後，在整合我們的觀念時，寫作時的社會背景則尤其重要。

1.1.3 保羅寫作的過程

上文已討論過從其他文獻論證有關作者的問題，也處理過代筆人存在的事實。書信出現不同的用語和數據統計，與代筆人在寫作過程中的參與程度有很大關係。保羅生平有某些時段，會有某些代筆人為他工作，而在另些時段則有另外不同的同工幫助他。難怪一些書信的用語對那些「**非保羅**」（non-Pauline）研究的現代鑑別理論家來說是多麼不熟悉了。現代人以用語為檢視任何著作的標準，但於保羅時代這卻不太適切，因為 1 世紀的寫作十分複雜。我們可以倒過來看看這個情況。假設教牧書信是有代筆人，這樣論證就不一樣了：教牧書信——尤其是提摩太後書——真的由保羅所寫，而信內其他的文字修飾，則出自代筆人之

「非保羅」研究是指研究那些有作者身分爭議的保羅書信，以及研究非保羅神學思想的基督教神學。

手。事實上，帕拉也在一些託保羅名的著作的作者身分討論上，也用上保羅大都使用代筆人這邏輯來作辯證。他的論點也頗為令人信服。他以一整本書來討論這個議題。⑪ 仍有一點須留意的是，假如保羅跟隨了一些他累積而來的傳統，又或他的門徒（或代筆人）跟隨那從初代教會信徒而來的保羅傳統，並把這些傳統連同一些希羅習俗融入教牧書信裏，這又會怎樣呢？假如保羅改變了他寫作的策略，那麼，我們就無法透過書中的用語或神學思想來斷定這些書信是否由保羅所寫，又或這些思想是否源自保羅。現代人要求的「精確」其實是一個假象，它只是一個根據印刷品透過電腦串珠參照的假設，根本沒有任何一個統計方法是可以肯定作者身分的。

保羅最有可能是這樣寫作的：當他寫作時，就召了他的同工或代筆人來幫助他寫作。在寫作過程中保羅會審閱有沒有錯誤，若有錯誤，保羅就會以海綿輕擦錯誤或需要修改的地方，並以正確的字或重寫內容以填補空隙。寫完後便差派人送信到受信人那裏。保羅會同時派一至兩個人與送信人同去，目的為要在需要之時向受信人講解書信內容。肯定的是，若有一至兩位送信人，就顯示書信有一位詮釋者，以免收信人不明白保羅書信內容的意思。當書信送達目的地，整個信仰羣體就會聚集在一起，聆聽送信人朗讀、闡明、解釋書信內容。這步驟完畢，可能會有「答問」環節，以便討論書信不清楚的地方。之後送信人可能返回保羅那裏，將受信人的問題帶到保羅面前，保羅或許可能再寫信回答受信人的問題（參林前二章）。上文提到的是保羅寫信及送信的整個過程。不過，保羅亦可以按著他當時的習慣，給予代筆人一份大綱，要求他為自己寫信，然後再作審閱，才將書信傳送出去。無論在怎樣情況之下寫成的書信，保羅仍是最後審閱書信的那位，這表示了那些書信是由他簽署的。

以微觀方式來分析用語，明顯會忽略的另一件事情，就是保羅在提摩太後書是很仔細地表達他與提摩太的親密關係的，其中包括他對提摩太的稱呼，並與提摩太分享自己的現況，以及表達他對提摩太過去的認識。這件事這麼明顯，但很多細心的讀者都忽略了。須留意的是，保羅早於提摩太離世（參來十三 23）。假如歷史中的提摩太發現這封信是偽造的，他豈不會高呼「這是假的」嗎？歷史中的提摩太在當時是一位顯赫的領袖，他豈沒有這種辨別的能力嗎？筆者不認為是這樣。若是這樣，這個託名的作者就是人類歷史裏最聰明的騙子！就如費爾（Gordon D. Fee）説，能夠欺騙教會歷史 18 個世紀的人，必定是個天才。⓬ 事實上，能夠如此仔細地表達個人親密關係的書信，而同時又能夠納入新約聖經正典，便足以證明提摩太，甚至其他很多認識保羅的人，都見證保羅寫了提摩太後書。只是，基於書信是給個人的，所以沒有人知道寫這信的過程罷了。

有關作者身分的討論，最後仍須一提的是，若單單説我們相信保羅寫了這封書信，是無法滿足及解決現代學術界提出的挑戰的，因為這説法背後是一整套的問題，涉及一份文獻是怎樣在第一世紀的信仰羣體裏形成的。因此，問題不是「保羅寫了這些書信嗎？」——他肯定以不同形式寫了書信——真正的問題是「保羅以甚麼方式來撰寫『這些』書信？」所謂「這些」是包括保羅所有書信，而不只是教牧書信。

1.2 成書日期

假如認真看待保羅是作者這説法，教牧書信必須是在較後期成書的，而提摩太後書更是最後的一卷。成書日期很多時都建基於對那段時期的重構。假如我們認真看待使徒行傳二十八章最後記載保羅第一次羅馬被囚的事件，教牧書信極可能是在這次囚禁之後寫成的。以弗所教會當時已由長老和執事有系統地領導，這符合使徒行傳二十章17節的描述，但是提摩太前書和提多書是在保羅仍享有自由的情況下寫成的。到了寫提摩太後書之時，保羅才表示他正在被囚（參二9）。這樣，此書信成書日期是在公元60年初至60年代中。從保羅在書信中明顯提到教會的結構，就更能確定這個日期。第二世紀的著作可以成為一個明確的指標，指出教會發展成一個愈來愈有系統結構的組織。另外，尼祿（Nero）在羅馬逼迫基督徒這事件，是可以確定教牧書信成書日期的。歷史學家塔西佗（Cornelius Tacitus；公元56～120年）的「編年史」（〔*Annals*〕12, 15.3～8）記錄了尼祿這事件，而另一位歷史學家蘇埃托尼烏斯（Suetonius Tranquillus；公元69～122年）在他的「尼祿」（〔*Nero*〕16.2）也確定這事。羅馬的大火是在公元64年發生，尼祿接著很快便逼迫基督徒。保羅的殉道不應該受到質疑，因為西方教會強烈認同他殉道這傳統記述，這可從不同的傳說中找到證據：

- 一些著作：「保羅和特格拉行傳」（*The Acts of Paul and Thecla*）、「哥林多三書」（*3 Corinthians*）、「聖使徒保羅的殉道」（*Martyrdom of the Holy Apostle Paul*）、「聖使徒彼得和保羅的受難」（*Passion of the Holy Apostles Peter and Paul*）；
- 一些遺迹：據傳說，保羅可能是在**奧斯坦大道**（Ostian Way）或**亞比亞大道**（Appian Way）這兩條羅馬主要大道上某個地方被處決的，這些遺址也曾出現於其他教會歷史資料中。

奧斯坦大道連接羅馬城，以及羅馬城以南30公里的台伯河（Tiber River）上的奧斯坦港（Port of Ostia）。亞比亞大道由羅馬城連接至意大利東南面的大道。

這樣的歷史重構完全配合提摩太後書四章6至8節。即使那些質疑保羅是作者的人（即相信這書信是託名作品的人），也必須承認經文描述的這幅圖畫完全配合保羅殉道的傳説。即使對於保羅殉道的地方有不同的傳統及爭論，但這反而肯定了保羅殉道的歷史性。

從以上種種的分析，保羅最後寫給提摩太的書信是約在公元 64 年完成的。當假設了這一點，便要討論讀者的歷史處境，這樣才能明白保羅所關注的事情及他採用的修辭表達。

1.3 讀者：提摩太

為了明白書信的內容，我們必須假設保羅是寫信給真實的讀者的——其意思是在歷史上確實有提摩太這讀者。這人參與了保羅的事工是不能否認的事實。若要了解讀者，先要從新約聖經查看關於歷史中的提摩太（historical Timothy）的證據，繼而重構導致撰寫這封書信之因由的歷史處境，然後才討論這封書信如何影響類似提摩太的人。故此這段落分為兩部分：討論歷史中的提摩太及他所處的背景。

1.3.1 歷史中的提摩太

究竟誰是歷史中的提摩太呢？有足夠的證據顯示，這人已認識保羅一段時間。根據提摩太後書一章 5 節，提摩太的母親和外祖母都是信徒。假設提摩太當時年約 30 歲，他的母親至少就已 40 多歲。假如保羅是在公元 63 至 65 年左右寫提摩太書信，提摩太就大約是在基督受難、復活、升天，並在五旬節建立教會時出生。提摩太的母親或許是在五旬節事件中歸信的。她當時仍是一名少女。她若不是上耶路撒冷時接受福音，就是在那些因經歷五旬節事件而歸信的人傳福音給她之時歸信的。提摩太的外祖母極可能也同時歸信了基督。提摩太的母親和外祖母似乎是屬於第一代彌賽亞羣體的，而提摩太就是按著這樣的基督教教導下受教成長的。究竟他當時所接受的信仰內容是怎樣的呢？

1.3.1.1 提摩太的宗教背景

在第一世紀，猶太宗教羣體似乎只有非彌賽亞式及彌賽亞式這兩類。提摩太的家庭必定屬於彌賽亞式的羣體，他們期待著一位彌賽亞的來臨。因此，他們面對的問題就是：到底耶穌是不是彌賽亞，又或他們是否仍要等候另一位彌賽亞呢？按使徒行傳的作者路加記載，提摩太的父親是希臘人，他的母親是猶太人，也是一位信徒（徒十六 1～2）。作者這樣的描述暗示了提摩太的父親並未歸信基督。另外，提摩太似乎也不是由保羅帶領歸信的，因為他未遇到保羅之前已開始事奉（徒十六 1～3）。提摩太的信仰可能受到一些希臘文化的影響，但他的信仰完全是猶太教式的，這一點是毫無疑問的。然而，令人好奇的是，根據使徒行傳十六章 3 節記載，提摩太不是在年幼之時受割禮。提摩太沒有受割禮或許表示他的母親沒有嚴謹地遵守「妥拉」，也暗示提摩太是在會堂環境以外成長的。一個猶太女子與外邦人結婚在當時並不太常見，這或許會**令一些猶太人為之側目**。這情況下，提摩太也不容易進入會堂接受猶太教式的宗教。與此同時，提摩太似乎很熟悉聖經，也懂得詮釋聖經（提後一 5，二 15，三 15）。在這情形下，這位提摩太似乎充滿了張力。假如他不屬於主流的會堂羣體，他又是怎樣從他的母親和外祖母學習聖經呢？他的母親極可能是從與會堂有聯繫的外祖母那裏學習聖經，又或他只是跟隨一個沒有太多猶太教禮儀、

並非所有猶太人都反對猶太人與異族通婚。「約瑟與亞西納書」（Joseph and Asenath）是第二聖殿時期的浪漫小說，說明有些猶太人也接受與異族通婚，只是外族人要信奉猶太教。

但簡單的彌賽亞式信仰。保羅雖沒傳福音給提摩太，但他可能是提摩太一位主要的導師，特別是學習聖經方面。從這層面來看，提摩太可說是保羅「親愛的兒子」(一2；參提前一2)。由於他熟悉聖經，又有希臘和猶太血統，他可能是保羅在約公元49至50年間事工上絕佳的伙伴。

1.3.1.2 提摩太受割禮

上文提及提摩太的母親沒有為提摩太行過割禮。當提及割禮，在此先處理一個歷史問題。提摩太及提多同是沒有受過割禮，但**保羅給提摩太行割禮，而對提多卻不如此行**(徒十六3；加二1～3)。⓭ 當時很有可能沒有猶太人是不受割禮的，而提摩太的情況十分罕見。使徒行傳十六章3節清楚記述保羅給提摩太行了割禮，原因是住在那地區的所有猶太人都知道他是猶太人，而他的父親是外邦人。這會令提摩太的事奉處於劣勢，因為他不只有一位與外邦人結婚的母親，他也沒有受割禮。使徒行傳的作者只是略為記述此事而沒有深入探討事件。保羅為了事工可以順利進行而運用他的自由，為提摩太行了割禮。除此之外，這個禮儀並沒有其他意義。行割禮這事件的時序與耶路撒冷會議中討論沒受割禮的人這事件是平行的(徒十五章)。或許作者嘗試說明，會議中所定的規例是為外邦人而設，但提摩太是猶太人，他當然要行割禮了。因此，使徒行傳提到提摩太受割禮，只為描述發生在提摩太身上的事情，與評論保羅對割禮和律法的信念這神學議題沒有任何關係。

更多有關保羅處理提摩太及提多受割禮的詳細討論，可參曾思瀚：《僕人領袖的教導與領導——提多書、提摩太前書析讀》，曾景恒譯（香港：基道出版社，2013），頁16～18。

1.3.1.3 提摩太是保羅的得力助手

有證據顯示提摩太在保羅的宣教事工上擔當不可或缺的角色，這些證據滿佈在使徒行傳及保羅書信內，甚至在保羅離世之後基督教圈子裏。提摩太為了自己的信仰曾經付上不少代價，而且是已有一段日子的（參來十三23）。使徒行傳十七章1至15節記載保羅留下提摩太與西拉在庇哩亞教導那些年輕好學的羣體，表示保羅信任這兩位同工。提摩太受保羅差派去接觸好爭鬧的哥林多人，表示提摩太有能力應付哥林多教會的問題（徒十八5；羅十六21；林前十六10；參帖前一1；帖後一1）。在參與保羅第三次宣教旅程的同工名單中出現提摩太的名字，這表示提摩太在這旅程中跟隨著保羅。在這次旅程中，提摩太留在亞細亞那裏工作（徒二十4～5）。不但如此，在保羅的宣教旅程中，提摩太在許多重要的時刻都與保羅一起工作（參腓一1、二19；西一1；門1節）。提摩太極可能是保羅在不同危機中最佳的解決問題者。他在保羅建立的教會中出現，似乎就代表著保羅的同在，這可從他被稱為保羅的「真兒子」或「親愛的兒子」可見一斑（提前一2；提後一2）。這樣簡單地鉤勒出歷史中的提摩太，無疑説明了他是保羅可信、可靠的事奉伙伴，或許他對教義有很高的領悟力，而他的屬靈生命質素也很高。提摩太可説是保羅最佳的助手。

1.3.2 提摩太所處的背景

這段落嘗試重構提摩太當時的社會－政治（social-political）環境，藉此明白作者和讀者的處境。若要探討這議題，我們必須根據作者成書時期的第一手資料來鉤勒出這個境況。學者大多都相信尼祿逼迫羅馬基督徒是在公元65年開始，這大概不會受質疑。我們或許會以凱撒利亞的優西比烏（Eusebius of Caesarea）的「教會歷史」（*Ecclesiastical History*）為依據，把保羅的殉道定於公元 67 年（「教會歷史」2.25.7）。有關日期方面的討論，可參 1.2「成書日期」（參頁 11～13），在此就讓我們鉤勒出保羅臨終前和尼祿作王的這段時期羅馬的社會和政治狀況。

1.3.2.1 保羅臨終前的境況

若要了解保羅是如何落在被捕的境況中，最好的方法就是從提摩太後書所記述的明顯事件中鉤勒出來。從提摩太後書所描述的地理境況發現，保羅被捕時仍在事奉中。他被捕的原因可能與他在耶路撒冷被捕的相同，這可參考使徒行傳結尾時所記述保羅被指控的內容（參徒二十八 11～31）。保羅提過「銅匠亞歷山大」多次害他（四 12），這不禁令人懷疑保羅之所以引來麻煩會否因為在亞細亞某個地方的一個銅匠。韋特寧頓推測保羅被捕時是在以弗所，他這樣推測可能是因為以弗所有銅匠這種工作。不過，亦有認為他被捕的地方是在**特羅亞**，因為他在這地方留下許多個人物品（四 13）。保羅被捕當時，提摩太和馬可都在那裏，他們亦可能因著某些原因留在那裏（四 11、13）。或許保羅是在最後一次宣教旅程經過希臘半島（四 20）和亞細亞之時被捕的。這次旅程帶來很多令他關注的問題（四 10）。保羅再次——也是他生命中最後一次——任由羅馬帝國處置；他盼望可以伸冤，但不是為了他自己，而是為了福音的緣故。這的確是保羅一個充滿危機的時候。更糟的是，在亞細亞有很多人離開了他，為數之多，令保羅感到「〔所有人〕竟都離棄」（*pantes me egkatelipon*；四 16，「和修本」沒有將「所有人」譯出來）他。當然，保羅說「所有人」實在是誇張了，這樣的表達只是

特羅亞城是愛琴海岸邊一個城市，保羅是在這城看見馬其頓異象的（徒十六 6～10），後來他也再次到這城宣教（徒二十 6～12）。

出於失望，因為特羅亞是在亞細亞，而上述的同工——包括提摩太——都沒有離棄他，路加甚至在這件邪惡的被捕事件裏，陪伴著保羅去到羅馬（四 11）。保羅到了羅馬之後，他發現他的案件是不會展開聆訊的，因為這刻尼祿已開始逼迫基督徒，保羅心想自己應該免不了受刑，也應該沒有生存的希望。在這境況下，路加協助他寫信給提摩太，吩咐提摩太處理他臨終前最後的一些事情。

1.3.2.2 羅馬的政治局勢

有關尼祿的統治，我們參照兩個羅馬歷史學家——塔西佗和蘇埃托尼烏斯——的資料來作一些描述。論到尼祿譁眾取寵的舉動，兩位歷史學家都有提及，這證明他們用了相類似的資料。羅馬曾發生一場大火，根據優西比烏的記述，尼祿以羅馬城的大火為藉口來逼迫基督徒。塔西佗認為是尼祿自己放火而導致羅馬城大火的（「編年史」15.38）。⓮ 火災在羅馬十分普遍（在公元前 52、50、47、38、34、31、29、21、16、14、7 年，以及公元 3、6、12 年等都有出現大火）。⓯ 但是，隨著帝國政府漸漸穩固，而一個更能防火和穩定的城市被建立之後，火災也愈來愈少。然而，塔西佗記載這場羅馬大火的規模遠超之前的火災（「編年史」15.38）。羅馬人與很多帝國主義和殖民主義的勢力相同，都是把他們的意識形態滲進他們的建築物裏面。塔西佗引述了羅馬第一位君王奧古斯都**墓碑**上的一段碑文：「我發現羅馬時，是個滿是磚頭的城市；我離開之後，所留下的是個鋪滿大理石的城市。」奧古斯都承諾一個「羅馬承平」（*Pax Romana*）的政治理想，就是他希望羅馬一直都和平。每一個羅馬人都嘗試活出奧古斯都的理想。路加福音即使在尼祿死後寫成，但作者路加在他的敍事中仍有提及奧古斯都這名字

墓碑上也刻上一句短句“Res Gestae divi Augusti”（這拉丁文短句直譯是「神聖奧古斯都的功績」）。

（路二 1），這反映了奧古斯都即使死了，他的理想仍在延續。如今，羅馬這場大火把奧古斯都的理想傾覆了，並威脅到整個帝國本身。即使放火的人是尼祿，他在這場大火中亦沒有得到任何好處。

這場火先在一個劇場裏發生，因著風勢強勁，所以火災很快蔓延，令到羅馬城許多山坡燃燒起來。與很多現代城市發生火災的情況相同，趁機騷動的人會利用城內的混亂擾亂民居，進行搶掠，甚至尼祿的家園也受到威脅。他盡力動用國家的財產緩和災情（「編年史」15.39）。無論是否刻意，有謠傳指當羅馬城在焚燒之時，尼祿就在劇院裏唱著一首歌，這歌的內容是歌頌導致特洛伊城（Troy）被毀滅的大火。他的行為引起公憤（「編年史」15.39）。

這場大火原本是有人使之發生，而放火的人以為那是可以受控的（「編年史」15.40），但卻引致不可收拾的局面。很多重要的建築物，無論是宗教還是政治場所，都被烈火吞噬。這場大火或許是由尼祿又或許由其他人引致的，到頭來都嚴重地影響著整個羅馬的政治形勢。我們絕對可以認為這場火是其他人引起的，但總有人會歸咎於尼祿。這只能反映當時的人民是多麼討厭這位君王。細看尼祿生平，就清楚明白人民討厭他是有原因的。假如尼祿真的放了火，又或這種說法廣泛地流傳著，這場大火便會成為羅馬帝國和所有羅馬宗教的公共災難，因為當建築物在倒塌、人命傷亡之時，卻沒有任何神明來拯救他們。這次災情十分慘重，羅馬 14 個主要地區裏只有 4 個倖免於難。受殃的 10 個地區裏有 3 個完全受破壞，而剩下的 7 個也嚴重受損（「編年史」15.40）。這表示羅馬所宣傳的所謂和平，並不能在人民最需要之時實現。

這些情況也帶著宗教意味。蘇埃托尼烏斯在其著作「十二凱撒」（*The Twelve Caesars*）中強調尼祿開始作王時已有些十分不祥的兆頭

（「尼祿生平」〔*Life of Nero*〕7）。當尼祿作王之時，羅馬一個劇場倒塌下來，雖沒有傷亡，但人民就視之為不祥的兆頭（「編年史」15.34）。羅馬大火帶來的禍害這麼大，自然便會令人聯想到這是神明對羅馬的懲罰。根據蘇埃托尼烏斯的記述，尼祿不只性侵犯少男，他也引誘已婚的女性，甚至侵犯「**魏斯他貞女**」（Vestal Virgin；又稱「護火貞女」；參「尼祿生平」28）。假如蘇埃托尼烏斯的資料是可信的，尼祿在性生活方面十分敗壞。無論蘇埃托尼烏斯的記載有多誇張，尼祿惡行的嚴重性已到了一個地步，人民都認為他已違反了希羅最基本的敬虔美德。他最公然和最直接違反神明的惡行，就是偷取聖殿的黃金，並將之溶掉，據為己有（「尼祿生平」30～32）。因此，迷信的羅馬人便會指控尼祿，並把城中一切的災難，視為神明對國家的一種懲罰行動。

「魏斯他貞女」是服事羅馬家庭女灶神維斯塔（Vesta）的女祭司。這些祭司必須守貞 30 年以上。她們主要任務是守護維斯塔神廟的爐灶，不讓灶上的火熄滅。

位於羅馬的維斯塔神廟。廟中央放置一個灶，屋頂有一個通風口。古時的女祭司要守護灶上的火，不讓它熄滅。

畫家眼中的「魏斯他貞女」守護灶火的情況

尼祿知道這是空前的一場大災難。為了彌補過失，他積極地做了一些宗教行動，就是向許多神明祈禱。他又將放火的事嫁禍到基督徒身上。無論是否刻意，尼祿把放火的罪名轉為對基督徒的指控，他也順帶指控他們為恨惡人類的。塔西佗暗示，人民會被質問是否基督徒，若他們承認是基督徒，就會立刻被捕。於當時的基督徒而言，認信成為他們受逼迫的原因。或許以基督為中心的救恩模型都具相當的排他性，這會導致某些羅馬人誤解這教義為沒有包容性。塔西佗曾這樣描述基督徒所受的刑罰：「他們披著野獸的皮，被狗隻撕碎而死，或是被釘上十字架，或是被扔在火裏焚燒，當作黑夜照明的燈。尼祿借出他的園子作展覽場地，並在劇場上舉行比賽，而他則穿著戰車駕駛員的衣服混在人羣裏，又或是站在馬車上。」（以上這些史料記錄在「編年史」15.44）這個可怕的統治實況並不局限於羅馬城。羅馬和平的意義已經完全消失了。

在羅馬大火期間，整個羅馬帝國陷入瓦解中，廟宇遭流氓搶掠，四處的政局變得愈來愈不穩定。奧古斯都起初建立的太平已被摧毀，多處地方爆發衝突。即使是作奴隸的武士也發起暴動，要求重得自由，但卻受到軍隊鎮壓（「編年史」15.46）。他們反抗的行動幾乎是前所未見的，因為城市從沒出現過奴隸起義。這樣的革命動搖了羅馬人對奴隸與自由人那根深柢固的觀念。即使是奴隸也膽敢要求得自由！可見羅馬的秩序受到何等嚴重的威脅。除了這事件，還有其他的罪行出現，**導致很多人密謀反抗尼祿**，可惜他們在成功之前已經死去，因為尼祿愈來愈不信任身邊的所有人。另外，還有一些人利用這情勢從中獲利，而毫無根據便指控他們的敵人，殺害他們。尼祿也想藉此機會消滅所有敵人，因而借機處死很多人。他成了羅馬城最令人討厭的人物，羅馬已變成一座不停舉行喪禮的城市（「編年史」15.71～73）。尼祿在宮廷裏不但殺害那些他懷疑或已知是密謀造反的人，也殺了自己

塔西佗撰寫的長篇附記評論指，當時有很多陰謀者出現，都只是謠傳。雖然他可能做了很多重要的資料搜集，但這些都是從他翻查議會的記錄而來的（「編年史」15.74）。

的妻子，並那些拒絕接受他提議的女人，更甚的是連他自己的兒子也不放過(「尼祿生平」35～37)。羅馬成為一個滿城假見證誣蔑人和充滿鮮血的地方。這情境引致盛行以希臘文和拉丁文寫成的短篇幽默、押韻的格言。蘇埃托尼烏斯在他的著作中也時常引用這類格言(「尼祿生平」39)。

尼祿可怕的統治令到整個羅馬人心惶惶，他不只剷除他發現的敵人，也打發探子去找出那未知的敵人(「編年史」16.5)。尼祿的統治絕不容許任何有別的居心的人或政治異見分子，羅馬名聞的法律都因著尼祿的奇想和迷信而被漠視。很多事情為了要滿足尼祿的心意而越過羅馬人細密的法律程序。只要他認為是適切的，無論是否合羅馬的法律，都會成為新的法律標準。身為一國之首，他並沒把羅馬法律放在眼內，而所有美好的事都被他踐踏，就像現代那些獨裁寡頭政治執政者的體制一樣。任何反對尼祿的人，無論是出自正確或錯誤的原因，都被處死；但是，為他鼓掌的人也同樣受懷疑。整個國家陷入惶恐中，人與人之間再沒有互相信任。人為了個人利益，例如：在政壇上攀升，又或為了得到更高的社會地位，人會彼此出賣。除此之外，適逢羅馬遇上疫症，大量年老及年青人也因病而死。再者，根據蘇埃托尼烏斯的記載，尼祿並沒有準時提供士兵的糧餉，原因是他已把帝國的財產揮霍在他的奢華生活上，包括用大量資源重建他的住所，而他亦沉迷賭博(「尼祿生平」30～33)。讀到蘇埃托尼烏斯和塔西佗關於尼祿生平的敘事時，彷彿看見帝國所有理想背後的種種災難。

經過 14 年磨人的日子，他的軍隊盟友和下屬終於受不了，想謀反的人已蠢蠢欲動。起先帶領叛變的是高盧人，他們由溫戴克斯(Julius Vindex)領軍(「尼祿生平」40)。高盧人叛變的同時，一個由加爾巴(Galba)帶領的更嚴重的叛亂不久就發生，而他更在尼祿下台之後曾作王約 1 個月。加爾巴的叛變源於西班牙省分，他是那裏的總督，這威脅著尼祿，因為西班牙象徵著帝國西邊的疆界，受著奧古斯都的和平制度保護（「尼祿生平」42）。其他的叛變也隨之出現。這樣不穩定的局面影響著羅馬人的意識形態。尼祿感覺到自己已陷入軍事叛變和眾叛親離的絕望境況中，於是計劃逃走。他仍未逃得很遠之時，便聽到議會宣佈他是頭號人民公敵（「尼祿生平」49）。尼祿知道他的管治要結束，便意圖以自殺作了斷。正當要自殺之際，他被羅馬議會所差派的人逮捕，被棍打至半生不死，但羅馬人卻看為是他應受的懲罰。他自殺不遂，又沒被打死，最後他命令他的私人祕書用刀刺進他的咽喉（「尼祿生平」49）。有傳說當尼祿臨終之前，說了一句話：「何等偉大的藝術家死了！」（"*Qualis artifex pereo*"）若然這句話真的出自尼祿的口，他便太自誇了。隨著他的死，羅馬政治理想幾乎完全瓦解。社會正在極不穩定的狀態中，內戰亦因此接踵而來。這就是提摩太後書概略的歷史情況。

1.3.2.3 總結

我花這些篇幅討論保羅面對的帝國情況是有原因的。最近，帝國主義成為詮釋保羅著作的重要一環。這個詮釋範例（interpretive paradigm）的出現是源自一些**後殖民主義**（post-colonialism）的講論，這講論反映了那些殖民地的人對他們所屬的帝國的態度。這樣的範例並沒有在香港、馬來西亞或新加坡成為主流（筆者想到的是亞洲的情況），實在教人驚訝，因為這些地方都是前英國殖民地。後殖民主義講論並不是突然發現「帝國」或「帝國主義」，因為「帝國主義」一直存在著。後殖民主義突然與「帝國主義」扯上關係也不應教人感到意外，因為後殖民主義所關注的一整套主題，與「帝國主義」所關注的彼此平行。學

後殖民主義是一套政治哲學理論。後殖民主義者相信當一個國家由「殖民」變成「自治」之後，未必完全獨立於前管治者，他們的意識形態仍受著前管治者影響。

者用上了不同的模式來解釋保羅著作裏的「帝國主義」，這在迪赫(Judy Diehl)的文章(“Anti-Imperial Rhetoric in the New Testament”)中可見一斑。⑯ 只是，筆者的研究是針對平信徒，故此不會在此討論所有模式，不過在研讀保羅的著作時，應當留意上述提及的「帝國」情況，這可能會使我們對「帝國主義」的意義有不同的詮釋。⑰ 傳統的提摩太後書研讀會使用這些資料作為書信的「背景」，卻沒有考慮到經文中的用詞，但研究這些用詞會改變我們從前的看法。本書所指的背景並不是「背後」，而是在經文「當中」和「前面」(「前面」是指在詮釋者應用於現時情況之內)。在此，問題並不在於哪封保羅書信涉及「帝國主義」，而是所有書信或多或少都有些「帝國」元素，因為保羅正正活在那樣的處境裏。因此，問題反而是經文怎樣時而借用了帝國世界的用詞，時而反對帝國主義。

位於羅馬提多拱門(Titus Arch)上的雕塑，把提多將軍爭戰時威武的形象刻劃出來，也顯示出帝國主義的威信。

簡單描述尼祿可怕統治下的政治情勢之後，便可以看見一些明顯的主旨浮現出來。第一，尼祿凸顯了不敬虔的特徵。第二，他的政治方式衍生了人與人之間的不信任。第三，他對待基督徒的方式顯示在他的時代中法律未能保障人民。第四，逮捕基督徒表示話語上的見證足以使人罪成。第五，愈來愈不穩定的情況只會進一步危害教會的發展。

1.4 如何研讀提摩太後書

上一部分的總結提到後殖民主義與解釋提摩太後書的關係，接著的內容會以後殖民主義的研究方法來解釋這卷書。在這方法上，筆者會以後殖民的處境來分析這書信所用的修辭技巧，並以歷史進路去研究書中出現的後殖民主義或處境。

1.4.1 以修辭技巧處理後殖民處境出現的危機

學者有「教牧書信」這概念其實只有約300年歷史。無論把這整卷書信或某部分內容視為「教牧書信」是如何合理，但就著上文提到的歷史狀況，若仍朝著「教牧書信」這方向研究提摩太這讀者，會浮現出另些問題。

從上文我們對歷史上的提摩太的認識及所敘述的歷史處境所得（參1.3「讀者：提摩太」，頁13～23），我們必須理解兩者是如何互動，才能明白提摩太後書是一卷怎樣的書信。假如當時的基督教是一條船，它就像飄浮在不斷改變的政治風暴中，弄致搖晃不定。在這處境中，提摩太似乎正在處理保羅離世前的一些事情，而保羅則等待著他在世上的最後一程。保羅很詳盡地重述他的倫理觀，目的是要提摩太以他為榜樣，在生活行為上效法他（一 11，三 10～11）。正當基督教處於危機之時，保羅預見到將來會有假教師滲入羣體，所以他為此事作出適切的警告，提醒提摩太留意這些危險（二 17，三 6）。當保羅接近他生命中最關鍵的時刻，而政治危機愈來愈貼近之時，保羅用了最親切的態度來寫提摩太後書。他給提摩太的話充滿情感（一 4），語氣肯定（一 8，二 15，三 10，四 3～4）；他關注的既有個人，也有教會裏的事情；保羅鼓勵提摩太要在危機中堅強（一 8，二 1）。保羅提到的一些原則，可能是提摩太早已知道的；那麼，保羅為甚麼仍要再提及多一次呢？豈不是要讓提摩太明白到信仰內容上和實踐信仰上某些理念是不可或缺的？保羅在書信中使用了許多簡短的句子及肯定的命令語氣，以示信息的重要性。

無論提摩太後書是保羅還是他門徒所寫，傳統都視之為保羅最後的見證。但是，韋特寧頓拒絕以這種見證式的進路來研讀保羅書信。他參照古典的修辭學形式，力言可以借用古典修辭學的結構來理解每個段落，而無需把它刻意歸類，定義為某種修辭類別。韋特寧頓正確地展示出把一封古代書信定為單一類別的困難。倘若古代書信的某些部分純屬描述性質，而沒有任何帶修辭技巧的表達方式，我們何不嘗試以其他現代的研究模式來描述提摩太後書？

假如我們想像歷史於提摩太後書的時代靜止了，這卷書就代表著基督教發展的某個階段。保羅式的彌賽亞信仰的發展在那刻與使徒行傳所記述的發展中的信仰頗為不同。前者已漸漸離開猶太教，並以一羣外邦人為核心成員，尤其那些在提摩太領導下的羣體，已不像猶太教了。這種情況並不等同於改變一個宗派或從保守派轉變為自由派那樣簡單。保羅的情況是更加嚴重和激烈的。一個最能描述這個現象的現代社會學詞彙就是「派別」（sect）。這個詞彙一般帶有貶意，但筆者卻沒帶這意思。筆者認為這詞所指的是，保羅主張的信仰內容公然反對他那年代的宗教規範內的不同派別，特別是指猶太教規範內的。舉例來說，猶太教不肯定是否有一個超自然的彌賽亞從「天上」回來，也不肯定人歸信耶和華是否合理。保羅這個派別既是「**太平盛世主義者**」(millenarian)，也是歸信主義者(conversionist)。這個信仰最終發展成我們今天稱為正統基督教的信仰內容。若返回保羅寫提摩太後書的時代，從書信的內容可以發現當時的信仰內容仍未完全發展成熟。這個信仰確實「兩邊不討好」，也幾乎隨著它最核心的領袖——保羅——正在等待死亡而消失。

「太平盛世主義者」相信「人類應有一種無畏的希望，這希望源自相信即將來臨的未來會有一個轉變，就是將來會有一個羣體得救贖。這救贖是藉著上帝或超越常人的媒介和/或人類按著上帝或超越常人的計劃來進行中」。

1.4.2 以歷史進路研究書中出現的後殖民處境

在社會歷史層面和從尼祿統治的描述可見，以後殖民主義研究方法研讀提摩太後書的最適切途徑，必定是歷史進路。而且，後殖民主義研究方法必須以歷史為依據，因此我們也要用某種「社會學鑑別法」(sociological criticism)來解釋經文。要理解「社會學鑑別法」是一種怎樣的方法，可參考羅德斯(David Rhodes)一篇文章的精闢討論。⑱ 由於社會學上的分析涉及歷史，因此詮釋提摩太後書是需要做一些描述性的工作的。在這描述過程裏，詮釋者要從提摩太後書描繪一幅社會歷史的圖畫，以此看看這個獨特的保羅羣體，是怎樣在這段時期發展而成的。藉著這個發展的結果，詮釋者需要判斷這個羣體是按著哪種社會價值來生活。這些步驟組成了保羅以下所處的歷史情況。

一、保羅及他的羣體都落在危機中

外邦人在2世紀被標籤為「基督徒」並不表示使徒行傳是在2世紀寫成(「基督徒」這稱號出現於使徒行傳十一章26節),而是表示這標籤傳流至2世紀,並也經常在這時期出現。這反映了這標籤一直都普遍地使用。

外邦人歸信的「基督教」(或「彌賽亞式猶太教」會更貼切)是從猶太教發展出來的。當他們歸信基督,便有了「基督徒」這新的身分,這身分令致他們不能像從前般享受羅馬的法律保障。**第二世紀被標籤為「基督徒」的外邦人**(參「編年史」15.44～16.4),就是指那些再也得不到羅馬人保護,但在聖經裏卻被描繪為保留著某些猶太教特色的羣體。這羣體已沒有未歸信的外邦人的世界觀,而他們也開始失去了自己種族的身分。與此同時,因著擁有猶太教特色,他們由一個本土的羅馬人轉變成局限在羅馬人統治的殖民。後殖民主義研究權威薩依德(Edward Said)集中研究文本怎樣合理化殖民勢力。這對本書的研究似乎沒多大關連,但請別太快下結論!保羅在提摩太後書二章3至4節(「你要和我同受苦難,作基督耶穌的精兵,凡當兵的,不讓世務纏身,好使那招他當兵的人喜悅」)借用了軍事意象來解釋一些事情,這足以説明保羅認為較有權力的人(「招他當兵的人」)是會有某些好處的,就如他的殖民統治者一樣。

須留意的是,若説保羅從沒有主張要透過猶太人的福音而完全將殖民主義逆轉,這説法對保羅並不公平。⓳ 身為尼祿的受害者,保羅在他討論議題中所採用的大部分詞彙,在詞義上是拒絕而不是遵從羅馬的殖民主義的。除了拒絕,他沒有其他選擇。畢竟,在一個倡議榮辱文化的社會裏,怎樣才能倖免於被囚禁的羞辱呢?身為一個羣體的領袖的保羅,必須找方法捍衛那份榮耀。這不只為了自己,也為了這個羣體和他的主——耶穌基督。與筆者較早前的以西結書研究相同,從殖民主義的研究方法研究經文,便會發現主動拒絕帝國是後殖民的主要特色。經文中出現的詞彙往往帶著種族意味,甚或因對異國人的恐懼而產生非理性的仇恨意味。⑳ 然而，在提摩太後書裏，動機比種族問題更複雜。若要從後殖民主義研究挪用其中一些元素，那就會是後殖民主義著作中作者的「異國人／他者」觀念，這些觀念會予人一個信息：「我們不屬於這地方」。

身為一位美籍華人，我認識很多移居到美國的同胞，他們也感到「自己不屬於這地方」。與後殖民主義研究有關的是移民／散居地研究和新殖民主義研究。研究美籍亞裔歷史和文學的專家亞當斯（Bella Adams）在一篇文章裏，把清朝時代美國人對日本和中國移民存著的普遍敵意作分類。㉑ 他們以工人身分來到美國，卻無法得到公民的身分，就如現時很多墨西哥人在美國的情況。他們是這體制的一部分，但只屬「他者」，卻不能成為羣體其中一位成員。他們只受很少、甚至沒有法律保障。這種成為「他者」的感覺有其宗教意味，其概念好像一個宗教內的一些「派別」。但是，我們難以完全從宗教角度來看保羅的書信，因為他的信仰，與政治和種族都有密切關係。「猶太混血兒」提摩太在一個政治上敵對的環境內向一羣外邦人主張一個扎根於猶太教的宗教，會導致一個種族、信仰與政治混合的情況。對於接受這信仰的人也沒有任何法律上的保障。筆者身為一個後殖民主義的讀者，並不是説保羅必定是刻意拒絕帝國，藉此幫助我們理解他的話。但是，我們應當敏鋭保羅所面對的社會規範。身為尼祿的受害者——保羅，所面對即將來臨的危機是直接與帝國有關，藉此幫助我們理解他的話。這樣研讀對現今的世界尤其有意義。今天，有些強國依然實行殖民政策，但新殖民主義卻打造了一個全球性的羣體，他們可能已採納了強國的世界觀，而這大都是反基督教的。保羅給提摩太的書信就成為了拒絕所有違背基督教信仰核心價值觀的文學作品，不只包括入侵教會的勢力，也包括入侵每個基督徒家庭裏的電子產品的勢力。後殖民主義研讀進路不只可以解釋尼祿式的統治，也與現今因全球化而愈趨邊緣化的基督教信仰有莫大關係。社會愈是「文明」，信仰與社會之間的衝突便愈大。

二、保羅處理危機的方式

若問以上的討論對我們有何提醒，那必然就是當教會正在面對危機之時：隨著每個危機的出現，保羅使用不同修辭技巧來幫助讀者處理它。把這些書信分類，會出現意想不到的結果，這結果並不是指發現古典修辭特色，因為支持新修辭的學者已一再證實保羅的書信和修辭手冊之間相異和相同的元素很多。作為一個描述性的工具，此研究方式對現代人面對創傷處理的研究同樣有用。我們意想不到地發現的是，一些專業輔導技巧也可以提醒我們在研讀提摩太後書要留意的事情。若是這樣，筆者認為集體的模式比西方的個人模式更好。因此，在處理危機之時，我們須留意集體的文化。我們從這模式會找到某些共通的處理手法。我們必須承認，這不是聖經研究學者會觸及的範疇，畢竟他們也未必需要這樣做。很多聖經學者都沒有受過輔導訓練；然而，將心理學和社會學注入這危機研究的模式，且看成是研讀這卷書的最適切方法，是非常吸引的。在詹姆士（Richard K. James）的一本討論有關處理危機策略的著作（*Crisis Intervention Strategies*）中，他提及他留意到在亞洲的集體文化裏，處理危機的方法是與西方不同的。他指出亞洲人中的孝道和供養長者是處理危機整個過程的一部分。由於這部分涉及公眾的榮辱，尋求幫助的方法就頗為低調，正所謂「家醜不出外傳」。在一個集體文化裏，個人的價值與羣體密不可分。而在提摩太後書裏，保羅的價值連於他的羣體，而提摩太的價值也連於保羅建立的羣體。到了此時，這羣體已經成為一個穩固的宗教運動了，雖然規模可能很小。在這樣的文化裏，話語只是表達思想的方法之一。修辭技巧、話語的目的及動作，都有其意義。整個修辭表達都是建基於之前建立下來的事情之上，而大部分修辭內容包含的意思即使沒有公開地作解釋，讀或聽的人也是會明白的。這就是要把尼祿管治下的背景看為教會當時的社會背景的重要原因，因為經文的意思要透過這透明鏡片才會看得更加清楚。尼祿的統治和隨之而來的帝國處境就是詹姆士所說的「文化元素」（"cultural components"）。因此，當我們看到提摩太後書出現危機處理的元素之時，就要留意保羅寫信時的文化處境。當然，保羅似乎很清楚自己是身處危機中的哪個位置。他並沒有為自己的處境感到害怕，這從提摩太後書四章的語氣可見一斑。他擔心的是他的事工能否延續，提摩太領導的角色是否穩固。他的書信顯然不是蘊含任何心理治療的內容，但卻嘗試幫助讀者在危機中穩定心靈。忽略這一點就會失去這封書信的意義。每個危機處理都有某個目的，輔導員是要幫助求助者找到屬於求助者自己的解決方法。同樣地，保羅也藉著這封書信幫助他的門生提摩太找出問題的解決方法。

保羅堅固提摩太的信仰和羣體領導的方式之一是訴諸傳統。這個修辭策略是所有教牧書信的共通之處。每個負責任的詮釋者都需要留意保羅所訴諸的傳統，並提議保羅所採取的是哪種修辭策略。

除了分析經文外，這個研究也敏感於提出問題。所提出的問題應該有兩方面：第一，當時社會情況如何？第二，保羅處理危機時所用的是哪種修辭技巧？公元 60 年後期在處理危機之時，信徒是怎樣理解基督的再來？假如這個再來是保羅的一種修辭表達，那麼，透過給提摩太的鼓勵，保羅嘗試建構哪一種「太平盛世主義」的羣體？隨著基督的再來和新的羣體，保羅期望達致哪種修辭果效以論及提摩太的宗教羣體和政府之間的關係？

總括來說，這本書同樣會逐段地分析提摩太後書，但它會更密切關注當時的後殖民處境的帝國情況。這研究方法並不是甚麼絕妙的東西，反而要視之為當面對危機時所需要的某些處理方法。這封書信的每段落都反映一個危機和解決方法。當保羅把解決方法訴諸教會傳統，然後應用在提摩太的處境時，這個研究將會讓我們看到和評論到把傳統處境化所帶來的影響。

1.5 提摩太後書的結構

基於提摩太後書列出的論證是緊密地連繫著，而段落也不明確，所以並不容易為它寫結構。馬歇爾嘗試從 6 個主要的學者列出的結構作對比，便發現它們彼此之間有許多意見相左的地方。若將著眼點放在他們意見一致的地方，那就能找到學者一般相信是思路的轉折點的所在。學者一般認為一章 3、6 節，二章 1、14 節，三章 10 節，四章 1、8、9 節都是分段的位置。讓我們看看學者一般認同這些地方是接合點的原因。

一、一章 3 節

認定一章 3 節是分段位置是可以理解的，因為它是整封書信主體的起始點。基本上，每個詮釋者都同意這一點。

二、一章 6 節

要決定一章 6 節是否一個新段落的分段點並不容易。當然，一章 6 節是另一個句子的開始，但教牧書信滿是短句，因此關鍵在於一章 6 節到底是否直接指向一章 3 至 5 節。而筆者相信一章 6 節上的「為這緣故」(*di' hēn aitian*)似乎指向一章 3 至 5 節整個段落。

三、二章 1 節

二章 1 節是另一個分段點，不過，問題是這一節是以「因此」（*oun*；「和修版」沒有譯出來）作開始，所以它肯定連於一章 13 節或 15 至 16 節。假如從宏觀角度去看經文，一章 13 節就屬於 13 至 18 節整個段落。一章 13 節之所以能夠連繫至二章 1 節，是因為接著二章 1 節之後的經文再次提到提摩太從保羅那裏所聽到的話。所以，最好的選擇是，一章 15 至 18 節是一個分段，保羅以腓吉路和黑摩其尼，以及阿尼色弗為例子來勸勉提摩太，鼓勵他效法阿尼色弗。保羅期望提摩太在一章 13 節和二章 1 至 2 節重複聽到他的話，這是一種修辭技巧，藉此表達兩個獨立思路的段落。

四、二章 14 節

有學者認為二章 14 節是一個很好的分段點，因為這節經文是以命令語氣動詞「你要向眾人提醒」（*hupomimnēske*）開始，但這動詞明顯是指向二章 11 至 13 節（當然，這命令語氣動詞同樣可以連接於二章 11 至 13 節之前的內容）。因此，筆者不認為二章 14 節是個理想的分段點，尤其是當以二章 11 至 13 節的內容作解釋時，14 節才顯得有意思。

五、三章 10 節

讀者很容易發現三章 10 節是分段點，因為 9 節的代名詞是「他們」，而 10 節是「你」。10 節是直接向著提摩太說話。不過，這也未必是分段點，因為接著的內容與上文有密切關係，它緊接著三章 9 節並且與之前的內容作對比。那麼，究竟應否在三章 10 節作分段呢？這是困難的，原因是凡保羅其他的書信中出現「但你」（*zu de*，原文可直譯為「你，然而」；參羅十一17、20，十四10；提前六11）這短語之時，聖經譯者大都不會作另一段落的開始，除非那段經文太長，那就沒有理由不將它分段了。

六、四章1、8、9節

四章1節明顯是分段的位置。另外，對某些學者來説，四章8節也可以作分段點，因為9節之後的經文是一段私人的言論。這最後段落可分為一整段，亦可分為兩段。9至18節的私人言論可以從19至22節那最後一段的私人言論中分別出來。

相比起保羅其他的書信，提摩太後書內容是清楚、直接的，但書信的大綱卻非那樣清楚直接。筆者認為最好的處理方法，是按著一些明顯的主題轉變，以及相對獨立的命令語氣來建構大綱，然後在整個修辭策略裏保留段落之間的聯繫。這樣的組合可能會比較好。現列出簡單結構如下：

一、引言（一1～2）

二、不以為恥的傳承（一3～14）

三、剛強的信心（一15～二13）

四、忠心的傳承（二14～三17）

五、最後的講章（四1～8）

六、最後的關注（四9～18）

七、結語（四19～22）

1.6 主旨與內容

1.6.1 耶穌是君王

保羅在一章 10 節稱耶穌為「救主」，這稱號有別於經常呈現在我們面前的形象——一位溫柔的救主。在一個強調榮辱的社會中的「恩庇制度」之下，「救主」就是恩庇者，是受恩庇者完全依靠的對象。在帝國的處境裏，最終極的恩庇者——救主——就是當時的君王。正因為這個政治狀況，「救主」這稱號就可以用於統治者身上，甚至可以追溯至羅馬人統治前的希臘化時期。

保羅論到耶穌是君王之時，是以兩個隱喻來表達。他論到耶穌好像差派士兵出去，並擁有自己軍隊的人一樣（二 3～4）；他也論到耶穌好像審判官，有他自己的法院一樣（參四 1）。

耶穌是君王這形象，肯定出現於此卷書的那個更大的象徵世界。在二章 3 節，保羅提醒提摩太要作基督的精兵，這標誌著一個王國的觀念，在其中的僕人就是軍隊。保羅提到「好使招他當兵的人喜悅」，這整個討主人喜悅的觀念，是用來描述耶穌就是終極的主的。但是君王的形象並不止於表面，保羅繼續直率地描述耶穌就是「按公義審判的主」（四 8），這與地上帝國的審判者形成強烈對比。這樣的敘事，令人想起保羅曾因自己被捉拿的事而要求向凱撒上訴（徒二十五 11）。在保羅心裏，耶穌的王權和國度勝過這個世界的君王及王國。在這種敵對的境況下，保羅在他的書信中呈現耶穌是君王這觀念，是既大膽又是帶給人盼望的。這陳述是大膽的，因為它公然反對政治常規，同時也帶人盼望，因為耶穌是君王這事實將要實現，而且保羅在生命終結時正等待著它的實現。

1.6.2 一位領袖所留下來的屬靈遺產

這卷書信一個顯然易見的主題，並且充斥著整卷書的，就是論及一位領袖所留下來屬靈遺產怎樣傳承下去。保羅的邏輯頗為簡單。由於提摩太是在良好的家庭教育及保羅的悉心栽培下成才的，所以他應該有能力完成保羅的使命（參一4～5、13，三10～四8）。保羅呼求提摩太要以保羅的事奉為榜樣。若將這書信中保羅自傳式的記述，與保羅其他的書信中出現的類似內容作比較，便會發現有關傳承這方面的言論頗為不同：他並沒為他的福音或他使徒的權柄辯護，但卻以此去激勵提摩太。保羅留給提摩太的東西，並不只是保羅自己的，也是保羅接續他祖先而來的（一3）。保羅不只透過個人例子，也透過歷史範例來激勵提摩太。

就著這個主題，保羅不只列出傳承這事實，他也從神學角度說明出來。保羅此刻深信自己和提摩太都在救恩歷史中佔很重要角色。然而，這個完全起源於猶太教的救恩歷史，正處於羅馬統治時代的處境當中。保羅使用了常見的生活例子，例如：農耕、當兵或打仗，來描繪他所留下來的屬靈遺產，而這些都是與勞動、爭戰，而不是與錢財、福氣有關。若是這樣，保羅的遺願是期望提摩太接續他去幹一些事情。或許更明確地說，保羅要求提摩太接續自己領袖的地位，而提摩太主要的事工就是向外邦人傳福音及牧養外邦信徒羣體。保羅也使用不同的修辭技巧來表達這主題，這可留待析讀部分詳細討論。

保羅不只以自己作為例子，也提及其他同樣忠於事奉的同工，如推基古和路加（四11～12）。換言之，保羅不但將「忠心」傳承給提摩太，也傳給保羅的信仰羣體裏所有凡忠心的牧者。這些牧者是保羅生命中的支援網絡的一部分，他們全都為了下一代的好處而願意承繼這遺產。

根據保羅在書信裏所說的話，他的遺產（事工）是以兩種形式來傳承的。第一，他可能帶領了部分人歸信，並栽培他們去延續事工。第二，他可能招募了早已歸信的信徒來延續事工。提摩太可能屬於第二類，而推基古則可能屬於第一類。無論如何，這封書信暗示了在基督教後期的發展中已有團隊的出現。對保羅來說，沒有隊工就無法將事工繼續傳承下去。

1.6.3 天啟性事工

這封書信的天啟意味十分強烈。保羅要讓讀者感受到他很快就會到耶穌那裏。若從救恩歷史的角度來看，上帝的作為早已從「萬古之先」（一9）介入人類的歷史，而不是在世代的終末時才介入。言下之意，上帝正在介入他們的世代。保羅表明了早於時間開始時，上帝已計劃將恩典與福音賜給人類，而這個計劃最終在基督裏實現出來。保羅——身為基督的使者——成了這偉大歷史的一部分（一11）。

保羅並不只是在講說一個理想或願景，他期待著的是，耶穌立刻就回來，至少從他表達「另一個世界」的方式，似乎表示了他熱切地期待著國度的到來（四1）。保羅視他寫信給提摩太的那段日子為「末世」（三1）。這樣的說法表明保羅確實期待著某種彌賽亞式事件，而這事件將會在很快的將來發生。因此他期望提摩太要作好準備，準備的方法就是要緊記著有「公義的冠冕」等待著他們（四8～9）。根據保羅，這個冠冕是直接連繫於耶穌的顯現。

保羅是怎樣得到這樣的天啟信念呢？他的邏輯並不容易明白。從提摩太後書三章12節起，經文顯示保羅面對的情況會愈來愈惡劣（三

12，四 6～18）。隨著逼迫臨近，保羅認定這是末世的一切記號。當時的情況可能令他聯想到傳統流傳下來有關彌賽亞——耶穌——受苦的情況，而這可能令他感到耶穌很快會再來。因此，保羅感到信徒會受審於一位終極的審判官（四 1、8），而所指的天堂，就是彌賽亞的來臨，而不是某個外在的空間或世界。

上帝或耶穌是審判官這概念，不但對保羅，對任何一個已歸信基督的人，都是適切的。表面看來，保羅似乎無法確定阿尼色弗會否得著主的憐憫（一 16），但這極可能是保羅透過修辭技巧的表達，以一種祝願的言詞來表達他對阿尼色弗高度的評價。再者，這番話的用詞有別於他所描述在亞細亞離棄了保羅的人（一 15）。假如保羅的話真的與救恩有關，那麼他就為他的救恩論作出某種澄清。雖然保羅深信在基督裏得著的救恩是永久性的，但他似乎並不相信救恩對所有人都是完全地和徹底地永久性的（一 16，二 12）。保羅的教導可能有實踐的作用，但其神學思想仍在雛型的階段。他當時的情況十分危險，而他的跟隨者很可能會因此而公然拒絕信仰。事實上，有些人早已開始離開事奉崗位了（參四 9），因此他以最嚴厲的字眼向這些人發出警告。雖然恩典是無條件的，但這些言論表示，保羅為不確定的事情，以及上帝對信徒的審判，留了空間。

1.6.4 屬靈父母

保羅稱呼提摩太為他「親愛的兒子」（一 2）。這稱呼細緻地表達了一位屬靈父親——保羅——正向著面對危機的兒子——提摩太——說話，這樣的稱呼更顯示了提摩太後書是保羅私人信件中最私人的一封。保羅鼓勵提摩太要剛強（一 7～14）。提摩太當時可能感到沮喪，並為作為福音使者而感到羞恥。在強調榮辱的社會裏，整個羞辱的概念完全與人對價值觀的取向有關。保羅顯然正在嘗試扭轉提摩太的價值觀，要把他的價值觀轉向福音。

保羅對提摩太的屬靈餵養也包括扼要地講解福音（一 9 下～10，二 11～13 等），這個福音是建基於保羅對舊約的詮釋（三 14～16）。提摩太在這番鼓勵下繼續行在保羅開創的路上。保羅引用舊約經文作言説，實在教人驚訝，這可能反映提摩太只是藉著一些傳統傳流下來的耶穌敍事的殘篇來理解舊約。但是，保羅期望的，似乎是要求提摩太繼續依照保羅所傳的福音，甚至依照這個信仰羣體共有的耶穌傳統，來作教導工作。

假如要以今天的術語來描述保羅採用的屬靈餵養模式，保羅就像是在家中向提摩太實行家庭教育。若以門徒訓練的術語來説，保羅就是以一對一的形式來訓練提摩太。保羅訓練提摩太的方式有 3 方面：第一，他肯定是根據上述有關教導的討論來教導提摩太（參 1.6.2「一位領袖所留下來的屬靈遺產」，頁 36～37）；第二，保羅以個人的教導和生命為例子，鼓勵提摩太（一 3，三 10），這是最重要的一點；第三，保羅給予提摩太機會去消化和應用他所學到的東西（二 1）。

1.6.5 防備威脅

保羅顯然認為當時的教會受到威脅，而這是所有教牧書信的共通點。保羅不只認為有人要逼迫教會（從他自己的遭遇可見一斑），他最關注的是正統信仰的衰落。他首先關注的是，要為福音的緣故將所有忠心同工聚集一起，因為有人已離棄了他（一 15）。若然沒有足夠人數去宣告他的福音，他發展事工的機會將受到限制。其次，保羅關注那些從自己的羣體走出來的假教師所傳講的教導(二 17～18)。這個禍害荼毒心靈(三 6～9),其中包括倫理觀(二 19),以及他們的教義(四 4)。他們的假教導滿是取悅人的話語,但卻是欺哄人的,在信仰上沒帶來任何益處(二 14)。

提摩太必須立即回應所面對的假教導。如上文所述,保羅要求提摩太提醒信徒何謂真理(二 14)。在論到正確的教導,保羅同時將它與假的教導作對比(二 16);同樣地,保羅將提摩太與那些假教師作對比(三 10)。保羅似乎無法控制或完全趕走那些假教師(三 13),但是即使看來十分困難,保羅也期望提摩太不要放棄,仍要忠於自己的職事。

關於這主題,仍有一件事須留意:保羅教導提摩太面對假教師的策略,並不是直接攻擊他們。他給予提摩太的主要建議,是先勸勉提摩太避免落入這些無益的教導當中。與其直接攻擊異端,保羅強烈主張提摩太正面地去教導真理。換言之,在保羅的理想中,對抗異端的方法就是正面地教導真理。這是他防衛的方法。保羅這樣做,並不單單為了真理或信仰傳統可以繼續流傳下去;更重要的是,保羅可以看見一個願景:即使世界千變萬化,真理及信仰傳統仍像一座穩固的堡壘被建立起來。

參考書目

專著

Aageson, James W. *Paul, Pastoral Epistles and the Early Church.* Peabody, MA: Hendrickson, 2008.

Bockmuehl, Markus N.A. *Revelation and Mystery in Ancient Judaism and Pauline Christianity*. Grand Rapids, MI: Eerdmans, 1997.

Knight, George W. *The Faithful Sayings in the Pastoral Letter*. Kampen: J.H. Kok, 1968.

Young, Frances M. *The Theology of the Pastoral Letters.* Cambridge: Cambridge University Press, 1994.

註釋書

張永信：《教牧書信註釋》。香港：天道書樓，2005。

曾思瀚：《僕人領袖的教導與領導——提多書、提摩太前書析讀》。曾景恒譯。香港：基道出版社，2013。

Fiore, Benjamin. *The Pastoral Epistles: First Timothy, Second Timothy, Titus*. Collegeville, PA: Liturgical, 2007.

Houlden, James L. *The Pastoral Epistles: I and II Timothy, Titus.* London: SCM, 1989.

I. Marshall, Howard. *A Critical and Exegetical Commentary on the Pastoral Epistles*. London: T & T Clark, 1999.

Johnson, Luke T. *Letters to Paul's Delegates: 1 Timothy, 2 Timothy, Titus.* Valley Forge, PA: Trinity, 1996.

Kelly, John N.D. *A Commentary on the Pastoral Epistles: I Timothy, II Timothy, Titus*. London: A & C Black, 1963.

Knight, George W. *The Pastoral Epistles: A Commentary on the Greek Text.* Grand Rapids, MI: Eerdmans, 1992.

Mounce, William D. *The Pastoral Epistles*, WBC 46. Waco, TX: Word, 2000.

Saarinen, Ristro. *The Pastoral Epistles with Philemon and Jude*. Grand Rapids, MI: Brazos, 2008.

Stott, John R.W. *Guard the Truth: The Message of 1 Timothy & Titus.*

Downers Grove, IL: IVP, 1973.

Towner, Philip H. *The Letters to Timothy and Titus.* Grand Rapids, MI: Eerdmans, 2006.

Witherington, Ben III. *Letters and Homilies for Hellenistic Christians: A Socio-Rhetorical Commentary on Titus, 1-2 Timothy, and 1-3 John.* Downers Grove, IL: IVP, 2007.

釋經短註

❶ 有關早期教父使用提摩太後書的資料，可參 I. Howard Marshall, *Pastoral Epistles: A Critical and Exegetical Commentary on the Pastoral Epistles* (Edinburgh: T & T Clark, 1999), 4～5。更多有關保羅是提摩太及提多書的作者這議題，可參曾思瀚：《僕人領袖的教導與領導——提多書、提摩太前書析讀》，曾景恒譯（香港：基道出版社，2013），頁2～11。

❷ 有關孟恩斯（William D. Mounce）列出16項證據來肯定這些書信的權威，可參 William D. Mounce, *The Pastoral Epistles*, WBC 46 (Waco, TX: Word, 2000), lxv ～ lxviii。他認為以外證來證明書信的權威並證明保羅是作者，是強而有力的。

❸ 約翰．馬歇爾（John W. Marshall）尤其質疑歷史真實性的問題。他主張「提多」是作者使用的一個虛構性修辭人物。他的論點可參 John W. Marshall, " 'I Left You in Crete': Narrative Deception and Social Hierarchy in the Letter to Titus," *JBL* 127 (2008): 783。

❹ 有關從神學角度看教牧書信的作者，可參曾思瀚：《僕人領袖的教導與領導》，頁4～5。

❺ 有關監獄書信作者的問題，可參 Harold W. Hoehner, "Did Paul Write Galatians?" in *History and Exegesis: New Testament Essays in Honor of Dr. E. Earle Ellis on His Eightieth Birthday*, ed. Edward Earle Ellis & Sang-Won Son (New York: T & T Clark, 2006), 150 ～ 169。例子可參曾思瀚：《僕人領袖的教導與領導》，頁5～6。

❻ 有關韋嘉（William C. Wacker）對教牧書信的假設，可參 Jerome D. Quinn & William C. Wacker, *The First and Second Letters to Timothy: A New Translation with Notes and Commentary* (Grand Rapids, MI: Eerdmans, 2000), 20～21。

❼ 對於路加參與教牧書信寫作的討論，可參 Ben Witherington III, *New Testament Rhetoric: An Introductory Guide to the Art of Persuasion in and of the New*

Testament (Eugene, OR: Cascade, 2009), 159～160。

❽ 帕拉也（Michael Prior）相信代筆人的論點，可參Michael Prior, *Paul the Letter-Writer and the Second Letter to Timothy*, JSNTSup, 23 (Sheffield: Sheffield Academic Press, 1989)。更多有關代筆人這議題，可參曾思瀚：《僕人領袖的教導與領導》，頁8～11。

❾ 有關孟恩斯根據加拉太書和羅馬書使用的詞彙所作出的一些數據統計圖表，可參Mounce, *The Pastoral Epistles*, cwiii。

❿ 有關保羅時代撰寫書信的合法性，可參M. Luther Stirewalt Jr., *Studies in Ancient Greek Epistolography* (Atlanta, GA: Scholars Press, 1993), 38～42。

⓫ 有關帕拉也以一整本書來討論代筆人這個議題，可參他的書 *Paul the Letter-Writer and the Second Letter to Timothy*。另外，鮑姆（Armin Baum）也使用了很好的語義數據證明，來比較沒有爭議的保羅書信和教牧書信，說明沒有爭議的保羅書信和教牧書信之間大部分的不同詞彙都有混合了的語義。參 Armin Baum, "Semantic Variations Within the *Corpus Paulinum*," *Tyndale Bulletin* 59 (2008): 271～292。

⓬ 費爾（Gordon D. Fee）對提摩太書信是偽造作品的評論，可參 Gordon D. Fee, *1 and 2 Timothy, Titus* (San Francisco, CA: Harper & Row, 1984), 25, 293；韋特寧頓（Ben Witherington III）也在著作中引用費爾這話，這可參 Ben Witherington III, *Letters and Homilies for Hellenized Christians*, vol. 1 (Downers Grove, IL / Nottingham: IVP Academic, 2006), 64。

⓭ 當學者將有作者爭議的保羅書信與沒有爭議的保羅書信作比較時，是有權拒絕使徒行傳及加拉太書（徒十六3；加二1～3）的歷史性的。

⓮ 有關塔西佗「編年史」（*Annals*）的中文譯本，可參塔西佗：《塔西佗「編年史」》，王以鑄、崔妙因譯（北京：商務印書館，1981），頁532～568。

⓯ 有關在羅馬發生大火這方面的資料，可參曾思瀚、吳瑩宜：《啟示錄的刻劃研究——英雄、女性與國度的故事》（香港：基道出版社，2009），頁302～303。

⓰ 迪赫（Judy Diehl）的文章出自 Judy Diehl, "Anti-Imperial Rhetoric in the New Testament," *Currents in Biblical Research* 10 (2011): 5～52。

⓱ 哈理爾（J. Albert Harrill）警告不要使用「帝國」或任何宏大敘事方法來研究羅馬文化，參 J. Albert Harrill, "Paul and Empire," *Early Christianity* 2 (2011): 288～291。筆者主張我們應該在某些處境開始，以致我們是在保羅（而不是我們）的處境裏研讀保羅的著作，雖然這樣做有時候或會過分簡化了保羅的情況。筆者也主張在某些情況中，「帝國」勢力比其他勢力更具威脅性。在提摩太後書裏，「帝國」體制不只威脅保羅的生命，也威脅著教會的存在。在此情

況下，保羅必須作出回應。哈理爾列出的例子提供了有力的證據，證明保羅有借用羅馬詞彙來表達與福音有關的概念。筆者相信保羅不是經常抗拒與「帝國」有關的詞彙，他也很自由地借用這些詞彙。這一點與哈理爾重構的「羅馬人保羅」的想法十分配合。參 Harrill, "Paul and Empire," 299～311。

⑱ 有關羅德斯（David Rhodes）對「社會學鑑別法」的討論，可參 David Rhodes, "Social Criticism," in *Mark and Method: Approaches in Biblical Studies*, 2nd ed., ed. Janice Capel Anderson & Stephen D. Moore (Minneapolis, MN: Fortress, 2008), 145～154。

⑲ 批判後殖民主義研究方法的人，大多都是在不清楚文本背後隱含動機的地方，賦予它動機。相關的討論可參 Graham Huggan, *The Postcolonial Exotic: Marketing the Margin* (London: Routledge, 2007), 3。

⑳ 有關拒絕「帝國」是後殖民主義研讀進路的主要特色中所使用的詞彙，可參Johanna Stiebert, *The Exile and the Prophet's Wife: Historic Events and Marginal Perspectives* (Collegeville, PA: Liturgical, 2005), 78；曾思瀚：《以西結書——海角天涯創新機》（香港：明道社，2009）。

㉑ 亞當斯（Bella Adams）說明移民政策（即使是美國和中國的移民政策）不只涉及經濟層面，也影響家庭的形成和這些新移民的性生活。這個有趣的研究不只展示了政策的缺陷，也展示後殖民的禍害，某程度與初代教會的「基督徒」在尼祿管治下被拒絕的情況相類似。這些「基督徒」既不是猶太人，也不是法律上的宗教主義者。他們的生活多方面受到影響，比美籍亞裔人士更甚（就如很多敏銳的後殖民主義學者清楚表明的）。Bella Adams, *Asian American Literature* (Edinburgh: Edinburgh University Press, 2008), 26～31。

提摩太後書

以後殖民主義研究方法
研讀保羅給提摩太最後的提醒

第二章

引言（一1～2）

- 保羅及提摩太
- 問安

經文

1 1 奉上帝旨意，按照基督耶穌裏所應許的生命，作基督耶穌使徒的
保羅，2 寫信給我親愛的兒子提摩太。願恩惠、憐憫、平安從父上
帝和我們的主基督耶穌歸給你！

提摩太後書一章1至2節是保羅書信典型的信首語，它包括兩方面的資料：作者及讀者（1～2節上）；問安（2節下）。它與提摩太前書的信首語（提前一1～2）有許多相似之處，但同時亦有相異的地方：

	提摩太後書（一1～2）	提摩太前書（一1～2）
保羅	奉上帝旨意，按照基督耶穌裏所應許的生命，作基督耶穌使徒的保羅（1節）	奉我們的救主上帝，和我們的盼望基督耶穌的命令，作基督耶穌使徒的保羅（1節）
提摩太	親愛的兒子提摩太（2節上）	因信主作我真兒子的提摩太（2節上）
問安語	願恩惠、憐憫、平安從父上帝和我們的主基督耶穌歸給你！（2節下）	願恩惠、憐憫、平安從父上帝和我們主基督耶穌歸給你！（2節下）

韋特寧頓（Ben Witherington III）留意到提摩太後書的信首語並沒有如提摩太前書一章1節般帶有命令式的詞彙，他的觀察是正確的。畢竟提摩太後書不像前書般是在吩咐讀者處理教會的問題，它本身是一封私人書信，要讓提摩太在保羅離世之前處理一些事情。接著是這段書首語的析讀。

2.1 保羅及提摩太（一1～2上）

分段大綱（二1～2上）

一、保羅（一1）
　　1.「上帝旨意」（一1上）
　　2.「應許的生命」（一1下）
二、提摩太（一2上）

2.1.1 保羅(一 1)

就神學角度而言，保羅在 1 節對自己的稱謂與提摩太前書相同，都稱自己為「基督耶穌使徒的保羅」。保羅指出這使徒身分是「奉上帝旨意/奉我們的救主上帝」和「照基督耶穌裏所應許的生命/我們的盼望基督耶穌的命令」而有的。

2.1.1.1「上帝旨意」(一 1 上)

羅馬書十五章 32 節提到，保羅視他往西班牙宣教是有「上帝旨意」在其中的。

「上帝旨意」(*dia thelēmatos theou*)這短語曾出現於保羅其他的書信，是保羅使用的典型公式(**羅十五 32**；林前一 1；林後一 1，八 5 等)。告魯雅(W. Hulitt Gloer)指出「旨意」一詞是指上帝的願望和祂行事的目的。❶ 若將「旨意」與保羅使徒的身分並列，便看見保羅往往是為了他使徒的權柄作辯護(參林前一 1；林後一 1)。不過，給提摩太的個人書信似乎並不需要這樣的辯護。然而，保羅在此訴諸他自己的權柄，可能是為了在這段危急的日子裏，鞏固提摩太對他和對福音的忠誠。❷ 若參照羅馬書十五章 32 節，保羅使用「上帝的旨意」這名詞短語的方式，反映了保羅或許認為上帝在他的使徒身分裏的旨意，並不是在他被囚一事上、而是在提摩太繼續傳承保羅的事工上實現出來。假如提摩太早已熟悉傳承與「上帝的旨意」、保羅的宣教事工，以及保羅那使徒的權柄之間的聯繫，這看法尤其說得通。提摩太要按著保羅的事工來延續這個使命。

2.1.1.2「應許的生命」(一 1 下)

保羅提到「應許的生命」(*epaggelian zōēs*)，這與提摩太前書一章 1 節「基督耶穌的命令」類似。從希臘文的文法結構來看，「應許的生命」肯定不是指耶穌自己。保羅想表達的是，所「應許的生命」若不是來自基督耶穌自己，就是基督耶穌再來之時帶來的結果。這兩種說法都可以接受。「應許」（*epaggelia*）這詞彙多被保羅用來指上帝在救恩歷史中的工作（羅四16、20；加三14、17、29），它很多時候連於亞伯拉罕的應許，這應許最終透過外邦人領受聖靈這事上實現了（加三14）。若將「應許」詮釋為源自基督耶穌的再來這觀點上，可能較為簡單和具獨特性，尤其是從保羅當時的狀況來看。保羅將要失去性命，卻撰寫有關「應許的生命」，表示保羅對生命的看法與眾不同，而這應許更是保羅事工的基礎。馬歇爾（I. Howard Marshall）指出這個「應許的生命」之所以重要，並不只因為那是將來的，也因為它是現今已開始經歷的生命。就著保羅當時處境而言，這「應許」若帶著將來的層面，對保羅來說，那是充滿盼望的。

2.1.2 提摩太（一2上）

保羅以表達最親密關係的詞彙「親愛的兒子」來稱呼提摩太。保羅在公開傳閱的書信中也曾以「親愛的」（*agapētos*）這親密關係的形容詞來形容他的一羣受信人（羅十二19；林前十14，十五58；林後七1，十二19；腓二12，四1）、他的同工（羅十六5、8、9、12；弗六21；西一7，四7、9、14）。保羅又另寫了腓利門書這封私人信，以「親愛的同工」來稱呼受信人腓利門（門1節），並以「親愛的弟兄」稱呼亞尼西謀（門16節）。對保羅來說，這是一種親密的表達。但是，保羅卻從沒有以「親愛的兒子」來稱呼其他人，這顯示他與提摩太有特別親密的關係（參林前四17）。韋特寧頓與巴斯拿（Jouette M. Bassler）的推測一樣，他們認為保羅使用如此親密關係的詞彙，而沒有使用類似與忠心有關的詞彙，是因為書信的重點是放在提摩太在行為或心理上的缺憾上。當然，在很多人離開保羅的情境下，保羅委實很擔心提摩太的領導問題；但是，我們卻不一定要如韋特寧頓及巴斯拿般對提摩太作出這麼負面的評價，這樣的評價確實有點羞辱提摩太，又或將保羅看為要強迫提摩太鼓起更大的勇氣與信心。

筆者只能說，保羅親切的語氣確認了我們較早時對這封書信的理解：這是保羅一封十分私人的書信（和保羅的最後見證）。保羅已知自己時日無多，而他必須就著當前的情況說明一切。告魯雅留意到，這個極親密關係的詞彙令人聯想到聖經的其他地方也提到如此親暱的稱呼，如上帝稱以撒為亞伯拉罕「所愛的獨子」（創二十二 2）、天上有聲音稱耶穌為「愛子」（可一 11）。當然，即使保羅熟悉亞伯拉罕的傳統和耶穌傳統，保羅對提摩太有如此親密的稱呼，也不一定是採取了「與舊約文本互涉呼應」（Old Testament intertextual echo）的方法。筆者認為保羅更可能是從希羅世界的家庭成員的關係中，借用了父親－兒子這親密概念，將之套用在他與提摩太的關係上。雖然我們不知道提摩太後書出現的隱喻之所以充斥著羅馬世界的元素的主要原因，但就如上文所說，羣體中領導的問題正是當時面對的張力所在。在一個彌賽亞信仰背景的家庭發展而成的教會裏，保羅就是這家庭的「一家之主」；但是，如今他要離去了，這意味著將要有一位新的領袖接替保羅。如此看來，保羅親愛的兒子提摩太將要成為教會的領袖，這是全書的主旨。「**兒子**」（*teknon*）的原文應譯作「孩子」。保羅稱提摩太為「孩子」而不是「兒子」，表示他與提摩太的關係不是血緣的關係，而是長輩與後輩的關係。若再加上「親愛的」這詞彙，更表示這長輩－後輩的關係與別不同，就像師傅與入室弟子般親密。因此，提摩太足以承繼保羅的屬靈遺產，並肯

「和修版」將 teknon 誤譯作「兒子」，「兒子」的原文應是 huios。

定可以透過基督，作上帝這整個家的領袖。

2.2 問安（一2下）

這問安語與提摩太前書一章2節完全相同（參上表列，頁49）。在這問安語裏，保羅除了用上慣常用的「恩惠」、「平安」這些詞彙，也加上「憐憫」。「恩惠」與「平安」是保羅神學的兩個元素：「恩惠」是救恩的基礎；「平安」是從救恩而來關係上的轉變。「平安」並不是指感到安全、安穩，而是指和諧、和平。這裏更是指猶太人的平安，即是因著人與上帝的關係有所轉變而使人與人的關係也有轉變。至於「憐憫」，保羅所指的，往往不只涉及上帝在憤怒中對罪人的赦免，也涉及上帝的主權和榮耀（羅九23，十五9；加六16等）。因此，這並不是甚麼客套或感性的問安，而是配合保羅和提摩太當時生活的處境而發出的問安。在帝國看似佔了上風且帶來混亂的時代裏，上帝的主權便是安慰的基礎。

問安的對象是「你」，表示這是個人的問安語，當中可能沒有反帝國的修辭意思。在缺乏安慰的時代，那充滿著安慰的問安便很管用了。保羅在此即時的關注是，因著上帝對人有「憐憫」，便展示出祂藉著祂的主權來顯出祂的信實。保羅的問安也奠定了全書的方向，以致提摩太在看似一切失控的時候，仍記住上帝的主權。保羅的修辭技巧十分適切地配合當時集體認同的文化，就是一個人在羣體中有怎樣的身分是相當重要的。保羅是提摩太的長輩，當他把自己的身分連繫於自己的蒙召，提摩太也要在自己當下的境況裏認同保羅的蒙召的生命。

釋經短註

❶ 告魯雅(W. Hulitt Gloer)對一章 1 節「旨意」的看法可參 W. Hulitt Gloer, *1 & 2 Timothy - Titus: Smyth & Helwys Bible Commentary* (Macon: Smyth and Helwys, 2010), 217。

❷ 馬歇爾(I. Howard Marshall)認為保羅要在提摩太後書的引言中訴諸使徒身分，有 3 個可能：第一，透過這稱呼，期望鞏固提摩太在教會的權柄(也是筆者對提摩太前書一章 1 節的立場)；第二，保羅以長輩的身分說話；第三，保羅在思想著他自己的處境及身分，而不是為了提醒提摩太。參 I. Howard Marshall, *A Critical and Exegetical Commentary on the Pastoral Epistles* (London: T & T Clark, 1999), 684。

溫習及思考問題（一1～2）

1. 這信首語與提摩太前書的有何異同？
2. 保羅為何這樣稱呼自己？他對提摩太的稱呼反映了他與提摩太的關係如何？在你信仰生命中有沒有你的保羅或你的提摩太？
3. 保羅在問安語中提到的「恩惠」、「平安」，是甚麼意思？
4. 保羅為何加上「憐憫」？它背後有何神學意義？
5. 保羅在問安語中所用的詞彙，如何反映保羅是在幫助提摩太處理危機？

第三章

不以為恥的傳承

（一3～14）

- 保羅不以為恥的榜樣
- 提摩太不應以事奉上帝為恥

經文

1 3 我感謝上帝，就是我接續祖先用純潔的良心所事奉的上帝，在祈
禱中晝夜不停地想念你。4 我一想起你的眼淚，就急切想見你，好
讓我滿心快樂。5 我記得你無偽的信心，這信心先存在你外祖母羅以和
你母親友妮基的心裏，我深信也存在你的心裏。6 為這緣故，我提醒你
要把上帝藉著我按手所給你的恩賜再如火挑旺起來。7 因為上帝賜給我
們的不是膽怯的心，而是剛強、仁愛、自制的心。

8 所以，不要以給我們的主作見證為恥，也不要以我這為主被囚的
為恥；總要靠著上帝的大能，與我為福音同受苦難。9 上帝救了我們，
以聖召召我們，不是按我們的行為，而是按他的旨意和恩典；這恩典
是萬古之先在基督耶穌裏賜給我們的，10 但如今藉著我們的救主基督耶
穌的顯現已經表明出來；他把死廢去，藉著福音，將不朽的生命彰顯
出來。11 我為這福音奉派作傳道，作使徒，作教師。12 為這緣故，我也
受這些苦難。然而，我不以為恥，因為我知道我所信的是誰，也深信
祂能保全祂所交託我的，直到那日。13 你從我聽到那健全的言論，要用
在基督耶穌裏的信心和愛心常常守著，作為規範。14 你要靠著那住在我
們裏面的聖靈，牢牢守住所交託給你那美好的事。

這段經文以「為恥」為中心思想，並分兩大部分來討論。第一部分是記述保羅記念提摩太(3～7節)，第二部分則鼓勵提摩太不要以事奉上帝為恥(8～14節)。

3.1 保羅不以為恥的榜樣(一3～7)

從這段落中出現的3個互相緊扣的句子可見，分析這段落時可以分為3個思路。第一個思路所佔經文較長(3～5節)；第二個思路簡短地解釋第一個思路的原因(6節)；第三個思路解釋第二個思路的原因(7節)。整段經文要表達的思路是：保羅雖落在困苦中，但他沒有呻吟半句；他記掛的是提摩太的苦況，亦為此而安慰提摩太。他如此的表達，是為豎立榜樣，讓提摩太從他身上學習在困境中仍記念其他人的需要。

分段大綱(二3～7)

一、保羅記念提摩太的信心(一3～5)

1. 保羅論自己的事奉(一3上)
2. 保羅記念提摩太所傳承的信仰(一3下～5)

二、保羅鼓勵提摩太事奉(一6)

三、鼓勵提摩太事奉的原因(一7)

3.1.1 保羅記念提摩太的信心（一3～5）

加拉太書、提摩太前書、提多書沒有出現保羅感恩的話。詳細討論可參曾思瀚：《僕人領袖的教導與領導——提多書、提摩太前書析讀》，曾景恒譯（香港：基道出版社，2013），頁87。

一般來說，保羅書信的主體都有**為受信人感恩或以頌讚作開始**（參羅一8；林前一4；林後一3；弗一3；腓一3；西一3；帖前一2；帖後一3；門4節），提摩太後書也不例外（參一3～5）。即使保羅寫信有如此習慣，也不一定成了他寫信時的一種公式化的文字，或者沒有意義的言詞；事實上，它可以是充滿著洞見和意義。3節的感恩語把提摩太後書從提摩太前書分別出來，因為前書是直接進入討論內容的（提前一3）。提摩太後書的感恩語十分簡單，保羅只說「我感謝上帝」。這是一個修飾從句，既用來描述他對上帝的事奉，也描述他如何關心提摩太所面對的複雜問題。

3.1.1.1 保羅論自己的事奉（一3上）

這段經文除了有感恩的一部分，也包括了保羅要為提摩太豎立榜樣的論述。從希臘文句子結構去看，3節下至5節的感恩內容主要針對提摩太的背景，而保羅對自己事奉的描述（「我接續祖先用純潔的良心所事奉的」）有定語的功用，用來修飾「上帝」這名詞，它可說是主句的一個旁註。保羅的這個表達雖只是一種修辭技巧，為要在整個句子中附加一些信息，這絕不表示旁註的內容是次要的。保羅如此描述自己的事奉，反映了他是刻意為之，為要在鼓勵提摩太忠心事奉這事上作一些補充。使用「純潔」這詞彙，令人想起舊約時代用來描述祭司聖潔職事的詞彙和修辭，這樣就能達致一個修辭目的，讓讀者看見一幅事奉者美麗的圖畫。現分析這幅事奉的圖畫。

保羅形容上帝是「我……所事奉」（*hō latreuō*）。「事奉」這動詞的希臘文以現在時態表達。從希臘文法看，這現在時態是用來表示一個持續著的行動。因此，「我……所事奉」的意思是指保羅在過去及現在都持續地「事奉」著。「事奉」（*latreia*）這名詞有時可以用來表示一種神聖的職責，例如在聖殿禮儀中參與事奉（約十六2）。羅馬書一章9節論到傳福音是一種事奉。對保羅來說，他的工作帶著濃厚的宗教意義，這解釋了為何他將自己的事奉，看為屬於他祖先悠久事奉歷史中的一部分。

「祖先」（*progonōn*）的原文是一個複數名詞。保羅並不是說他只承繼一位祖先、而是眾祖先——以色列的上帝透過他們工作——的事奉。保羅也沒有說他所承接的工作已到此為止，又或說他是惟一的繼承人。他的意思是上帝的工作仍然持續著，從列祖到保羅，從保羅再到接著那配得的人，如提摩太。❶

除了接續祖先，保羅是「用純潔的良心」（*en kithara suneidēsei*）事奉的。「純潔的良心」這詞彙十分有趣，因為它與舊約書卷用來描述祭司聖潔的事奉的詞彙相似（參3.1.1.1「保羅論自己的事奉〔一3上〕」，頁60）。保羅使用這詞彙，似乎表示保羅便是個祭司，且與上帝膏立的祭司一脈相承。這個有禮儀意味的詞彙形成了一個聖潔的意象。保羅把禮儀的意象帶進他事奉上帝這事上，標誌著他有最神聖和最崇高的呼召。

3.1.1.2 保羅記念提摩太所傳承的信仰（一3下～5）

「想念」的希臘文（memnēmenos）是完成時態分詞，其意思是指所回憶的往事直至現在仍有其影響力，回憶導致保羅強烈地想做一些事：很想去見提摩太。

談論完事奉之後，保羅開始論到他對提摩太的關注。在3節下，保羅「在祈禱中晝夜不停地**想念**」提摩太。由此可見，保羅有遵守猶太人的信仰習俗，每天都祈禱。在祈禱中，保羅尤其記起提摩太的「眼淚」，這肯定是保羅在祈禱裏記念的一件事，因此他想安慰憂傷的提摩太。究竟甚麼事情導致提摩太這樣憂傷呢？保羅可能想到在特羅亞被捕時（參四 13），提摩太為他所流的眼淚，以致保羅的心情十分沉重，「就急切想見」提摩太（4 節）。「急切」（*epipothōn*）是以現在時態分詞表達，這道出了保羅從未停止過想見提摩太。保羅認為，見到提摩太，他才會「滿心快樂」。保羅因為想起提摩太的眼淚，而至他自己也憂心起來，似乎只要提摩太能夠在他眼前出現，保羅的憂心就能解除（4 節）。

「我記得」是由過去不定時時態分詞「拿起」（labōn）及名詞「記憶」（hupomnēsin）組成，可直譯為「拿起記憶」。這時態同樣地是表達一個一直進行中的行動。

保羅接下來又說「**我記得**」（5 節），這短句與「想念」同義，表示保羅不但想起提摩太的眼淚，也想起一些與提摩太有關的事。保羅想起提摩太家庭的信仰傳承。當保羅形容傳承是「無偽的信心」（*anupokritou pisteōs*；5 節）時，這「信心」並不是指提摩太頭腦知識上的一套信念，而是指提摩太信仰上的一種德行，也就是指他對上帝的忠心信靠。「無偽」（*anupokritou*）可直譯為「不裝扮」，這表示提摩太從來沒有裝出敬虔的樣子。雖然有某些人傾向把「信心」（*pisteōs*）譯作「忠信／忠心」，但經文當提到提摩太這個「信心」之時，似乎清楚地指出它是指「信仰」而不是「忠心」。不過，須留意的是，保羅並沒有排除提摩太本身的信仰，而提摩太本身的信仰也包含了順服或忠心這些行為表現。由於保羅提到「滿心快樂」（4 節），這也暗示了若提摩太與保羅見面之時，提摩太仍持守著從外祖母及母親傳承下來的對信仰的忠誠，保羅的喜樂就得以滿足了。因此，忠於信仰是保羅的期望，所以譯作「忠信」會更切合保羅當時的意願。

提摩太的「無偽的信心」是從他「外祖母羅以」和「母親友妮基」傳承下來的（5 節）。這個家庭兩代成員都是信徒，他們歸信的經過值得稍作討論。假如提摩太年約 30 歲，他的母親就可能年約 50 歲，而他的外祖母則年約 70 歲。這兩位女家長就像未來領袖提摩太的老師和信仰上的榜樣。韋特寧頓從這一點證明保羅不反對女性教導男性。筆者普遍認同女性可以教導男性，❷ 只是韋特寧頓的宣稱並不能單以這節經文作為他立論的根據。當然，外祖母和母親在家庭裏教導孩子一事上必須有參與，尤其是當父親是非信徒。根據家庭歸信模式的證據，我們可以假設這兩位婦人是同時歸信的。假如這封書信是在公元 60 年代中期之後成書的，則彌賽亞式的信仰已流傳了約 30 年，而保羅的宣教事工可能開展不足 10 年。提摩太的家庭是在散居地的。「*外祖母羅以*」及「*母親友妮基*」極可能不是保羅帶領歸信的。若然與保羅沒有任何連繫，她們又是怎樣歸信的呢？我們可以推測，她們可能是散居地的猶太人，或許因為上耶路撒冷而經歷五旬節事件，並因此而歸信；又或許她們認識那些曾經歷五旬節事件的人，再從他們口中得聽這信息而歸信。在一個傳統的社會裏，尊崇自己先祖的傳統是十分正常的。因此，提摩太的屬靈遺產傳承自哪一個傳統世系，這對提摩太是十分重要的。所以，若然提摩太的信仰源自五旬節或與五旬節有關，保羅便是直接訴諸被聖靈充滿的彌賽亞羣體的源頭了。

3.1.2 保羅鼓勵提摩太事奉（一6）

基於提摩太的信仰根基傳承自保羅、友妮基和羅以，而保羅也深信提摩太堅守著這信仰，保羅便要求提摩太記起他所得的「*恩賜*」，並用這恩賜來事奉上帝。這裏提到的上帝的「*恩賜*」（*to charisma*）是一個單數名詞，這樣的描述很特別。它可以指：

- 一個特別的屬靈恩賜；
- 事奉的恩賜；
- 聖靈本身。

究竟屬哪一個解釋，則全視乎如何理解接著的「我按手」（*tēs epitheseōs tōn cheirōn mou*）。要解釋「我按手所給你的恩賜」的意思十分困難，那是在測試我們解釋隱喻的能力，因為「我按手」這短語在新約書卷甚為罕見（參徒八 18；提前四 14；來六 2）。告魯雅留意到「我按手」這詞彙也見於「馬加比一書」（〔*1 Maccabees*〕13.7）。❸ 另一個困難是，經文接著便說「如火挑旺」。「挑旺」（*anazōpurein*）這動詞以「火」的概念為焦點。在中文和英文譯本中，這動詞有好幾種譯法。這些譯法會誤導詮釋者，使人聯想到五旬節的「火」或耶穌的受洗，但這節經文並不是討論那「火」，而是指「恩賜」像奄奄一息的「火」，如今要再次被燃燒起來。因此，這是一個比喻，而不是指涉某個歷史事件。如此看來，任何以「火」為經文的焦點，並因而把經文直接詮釋為與聖靈有關的，都是把「火」這個詞彙靈意化。解釋經文的正確途徑是把句子理解為一個隱喻，而不是將經文意思拆解為不同部分，並作靈意的解釋。保羅以燒著的火這圖畫鼓勵提摩太，要他振作起來，好好事奉。處理完「如火挑旺」的意思之後，接著是討論解釋「按手」這行為需要留意的兩件事。

解釋「按手」這行為需要留意的第一件事是，我們絕不可以把古代的處境等同於現代教會按牧的情況。第二件事則是，初代教會必定有一些資料是提及有關「按手」這事情的。如上文所述，「恩賜」是一個單數名詞。韋特寧頓認為這個以單數表達的「恩賜」，是屬於聖靈的恩賜，也是保羅差遣提摩太宣教時所授予的「恩賜」。這符合上文所提及的對「恩賜」的第一個和第三個解釋。雖然如此，我們的假設也須以使徒行傳十三章1至13節的記載作為根據。因此，將「恩賜」詮釋為聖靈或事奉的恩賜是最為適切的。保羅所指的「恩賜」，極可能不是指使徒行傳八章17節和十九章6節所記載的，即在不尋常的環境下授予聖靈。當保羅按手在提摩太身上，是標誌著教會認同並祝福提摩太有分參與宣教的工作(參四14)。❹ 當然，假如這個「恩賜」是指聖靈，挑旺「恩賜」就等於挑旺聖靈，這概念似乎很奇怪，新約其他書卷也從沒有作過如此的描述。

簡單地說，整個勸勉是要提醒提摩太注視自己的事奉恩賜。提摩太之所以擁有恩賜，是為了使他成為管家，所以保羅勸勉提摩太挑旺「恩賜」的「火」，為的是鼓勵提摩太在如此緊迫的境況中，要更著緊地去事奉。「挑旺」那火是一個生動的隱喻，而「挑旺」這動詞的原文暗示了早已在燃燒著的東西，如今卻需要加劇燃燒的程度。「火」比喻力量，「火」愈大表示力量愈大。所以，保羅期望提摩太要大大使用恩賜來事奉。接著，保羅解釋提摩太要如此事奉的原因。他指出上帝不是叫人在困境中退縮，因為祂已賜下「剛強、仁愛、自制的心」。

3.1.3 鼓勵提摩太事奉的原因(一7)

承接著上一節，保羅要提摩太記起他擁有的事奉恩賜，保羅接著鼓勵提摩太勇敢去事奉。他先指出提摩太「膽怯」，是因為他不夠大膽，以衝破危機，向前邁進。須留意的是，保羅所用「膽怯的心」的反義詞不是「勇敢」這詞，而是以「剛強、仁愛、自制的心」取代之。由於保羅使用了強烈的反義詞「而是」(*alla*)，所以「膽怯」的反義就是「剛強、仁愛、自制的心」。現對這些詞彙稍作分析，並且探討它們是怎樣連於「勇敢」的。

- 當保羅使用「剛強」（*dunameōs*）這詞，他的語氣往往與福音相提並論（參羅一16「上帝的大能」）。保羅相信福音的能力應該就是「勇敢」的源頭。保羅所指的能力，不只是讓相信的人得到救恩的能力，也指上帝以祂的義支配著整個歷史發展的能力（參羅一17）。正因這緣故，這段經文充滿著與「能力」這詞彙有關的氣味（參提後一8、12）。
- 當保羅使用「仁愛」（*agapē*）這詞，便會使人聯想到保羅曾提及上帝保證不會讓任何事情（即使是最微小的逼迫）使信徒與上帝的愛隔絕（羅八35、39）。保羅也曾進一步指出，聖靈的愛能幫助他面對欺壓他的人（羅十五30～31）。在信徒當中，愛是表達真誠信心的證據（羅十四15；林後八8、24），也是信徒生活的指標（加五6）。換言之，只要領受上帝的愛和以愛待人，人便能夠有勇氣面對膽怯的試探。對於陷入患難的人而言，愛所帶來的益處就是使人勇敢面對患難。
- 當保羅論到「自制的心」（*sōphronismou*），是指因著敬虔而追求過節制的生活，而不單指是品德上的一些操練（參提前三2；多一8，二2、5）。在教牧書信以外，這是一個相對罕見的詞彙。在哥林多後書五章13節，保羅用與這個詞彙同字根的動詞（*sōphronoumen*）來形容他自己如何為羣體謹守，「和修版」譯作「清醒」。換言之，提摩太的勇敢應該包括：在其他人不再冷靜之時，他仍保持來自上帝的冷靜及清醒的頭腦。保羅吩咐提摩太要自律，並不是說提摩太欠缺這一點，而是保羅想提摩太在面對膽怯的試探時，保持一顆冷靜、細心觀察的心。

上述的整組詞彙都能完全配合榮辱文化，因為就如告魯雅所見，在羅馬的榮辱文化體系裏，任何膽怯的事都會大受斥責。總括來説，提摩太的勇氣必須來自上帝的愛，並且，當他向別人展示基督的愛之時，勇氣也會隨之而來，這勇氣也來自信靠福音的能力及清醒的信仰反思，而不單單訴諸一己的良好品格，或者社會的德行標準。保羅使用社會德行常用的詞彙來指出，只有更高、更有能力的上帝才能幫助提摩太承擔領導的責任。我們既得出了這樣的總結，餘下的問題就是：「膽怯的心……剛強、仁愛、自制的心」中的「心」指甚麼。「心」（*pneuma*）原文應譯作「靈」，所以，這節可直譯為「上帝賜給我們的靈，不是膽怯的、而是剛強的、仁愛的、自制的」。保羅這裏的「靈」指的是甚麼？根據聖靈與愛的關聯，保羅必定是指「聖靈」。另外，這節又提到「我們」而不是「你」。他帶出了一點：一個領袖要與人並肩作戰，才能面對逆境。換言之，假如提摩太從聖靈的角度來檢視當時的情勢，而且看自己為領袖羣體中的一員，他就會得著「剛強、仁愛、自制」的素質。

韋特寧頓相信保羅所陳述的內容，是提摩太早已知道的。那麼，保羅再次提醒提摩太的目的何在？保羅以提摩太已知道的事情為基礎，幫助提摩太處理當前的危機。他引導提摩太回顧過去，藉此讓他對未來抱有希望。回憶過去是十分重要的，因為這樣可以把提摩太連於保羅所傳承的。提摩太是保羅的入室弟子，他除了要接續保羅的事工，也要繼承保羅過往的成功。

信仰反省

保羅正面對著一些危機，提摩太也是如此。放諸今日的現況，在全球化的物質世界裏，有不少人，甚至基督徒，會花時間追求最新穎的電子產品；不過，仍有一些基督徒正在受苦。對於那些「擁有」很多物質的基督徒，他們的價值觀並不是這麼容易植根於信仰。當危機來到，我們發現保羅的優先次序與很多宣稱自己是基督徒的人頗為不同。保羅看為優先的事，並不是物質資源和富裕的生活，而是留給提摩太的信仰遺產。對保羅來說，留給後人最好的東西是屬靈的生命。從保羅身上可見，最好的鼓勵不一定是得到許多物質，而是前人從起初所建立的穩固的信仰基礎。這些素質似乎能夠幫助人渡過艱難的日子。當人大部分的物質遭剝奪，剩下來的就只有他自己要真切地面對的世界。從保羅的角度看，保羅的信息和應用似乎很清楚。再者，保羅自己留給提摩太的遺產來自他之前給提摩太的栽培（參提摩太前書和提多書）。保羅強調，他在培訓提摩太之時已說明了教導教義（現代用詞即「神學教育」）和好好培育下一代，是教會能夠渡過難關的祕訣。

在某些華人圈子裏，切實地、活潑地教導聖經和神學，是神學教育中一直被忽略的一環，以致假教師有機可乘，以福音之名耗盡教會有限的資源、損害教會羣體。在筆者執筆之時，亞洲和北美已出現了好些類似的嚴重事件。發生這些事，其中一個重要原因是教會沒有積極參與發展堅實的神學教育。沒有穩固的神學教育基礎，信眾得不到正確的教導，即使教會有怎樣堅穩的制度，依然可以坍塌。

3.2 提摩太不應以事奉上帝為恥（一 8～14）

上一部分講及提摩太傳承著他家庭和保羅的屬靈遺產，因此他可以勇敢面對危機。作為對上述主旨的回應，接著的這段落勸勉提摩太要不以事奉上帝為恥，持守所傳承的教導，並守著美好的事。保羅在

8、13、14節分別列出4個主要的吩咐：不以為恥、遵守、應用，以及守護。在希臘文的句子結構中，8至14節由3個句子組成。8至12節是一完整句子，而13、14節是兩個簡短的句子。讓我們按著這3個句子來追溯保羅的思路。

分段大綱（一8～14）

一、不要以福音的事為恥（一8～12）
　　1. 不要以見證福音為恥（一8～10）
　　2. 不要以保羅這福音使者為恥（一11～12）
二、提摩太應以保羅的言論作規範（一13）
三、提摩太應守著美好的事（一14）

3.2.1 不要以福音的事為恥（一8～12）

8節是以「所以」（*oun*）作開始，表明8節及接著的經文是對當下的危機的回應。就著保羅的屬靈洞見來看，提摩太不但不應畏縮，而且不要以兩件事為恥：見證福音及作為福音使者。

3.2.1.1 不要以見證福音為恥（一8～10）

保羅以過去不定時時態假設式語氣否定語「不以……為恥」（*mē epaischunthēs*）開始。雖然這個假設式語氣有命令的意味，但並不太強烈。它只是表示對方可能會感到「以……為恥」，但提摩太並不一定這樣。因著這個帶羞辱的詞彙，現代詮釋者很容易會認為提摩太看傳福音為恥，並因而斥責提摩太膽怯。可是，我們必須留意當時的一些處境。馬歇爾觀察到當時保羅正召喚提摩太去羅馬——逼迫信徒的核心地方(四9)。他怎可能不膽怯呢?提摩太在羅馬出現,就表示他要分擔保羅的危險。我們有較後期的證據證明提摩太絕對有害怕的理由(參來十三23)。

如上文所述,榮辱的觀念在當時的社會處境中是特別為羅馬人所看重的(參3.1.3「鼓勵提摩太事奉的原因〔一7〕」,頁65～67)。這觀念同時出現於新約書卷,而且十分真實。在耶穌傳統中反映一個事實,就是有人會看耶穌的道理為可恥的(可八38;路九26)。耶穌在馬可福音和路加福音裏將榮辱的觀念聯繫於終末的受苦一事上。他指出信仰羣體會面對一個試探,就是把為人子——耶穌——受苦看為可恥的事。耶穌説明當他再臨之時,那些看人子受苦為可恥的人,同樣會被人子看為可恥的。這個終末性傳統肯定影響了保羅,因他提到,到了終末的日子,「所應許的生命」必會來到(1節),以及有人會看被囚是羞恥的事(16節)。「羞恥」顯然是人為福音作見證的攔阻,因為這與榮耀相反。英文「見證」(witness)一詞,按一般解釋是源自「殉道」(martyr)。這是真實的,但是在第一世紀,這詞彙仍未有這個意思,因此我們不可把它的意思推得太遠。此外,現代詮釋者很容易會把羞恥理解為個人感受,但其真正意義比個人的一種感受更加廣闊,因為它是社會訂立的一種價值觀。榮辱的概念全視乎社會所定的價值觀,是由社會決定哪些是羞恥的事,哪些是榮耀的事。希臘人和羅馬人十分重視自由,因此擁有自由就如擁有榮耀(或引以為傲的事);相反,被囚就是一種極大的羞恥。在這情況下,當一個自由的羅馬公民——保羅——被囚在監獄中等待死刑,也可以造成極大的羞辱。任何與他有聯繫的人都會被這份羞辱所玷污。然而,保羅要解構和修訂這些榮辱觀念;藉著另一種更深刻的修辭技巧,保羅作出另一種教導。

一、與保羅一同受苦（8節）

保羅在羅馬書也曾說過他「不以福音為恥」（羅一16）。他不但不以此為恥，並看為是上帝的大能。

保羅邀請提摩太與他「同受苦難」（*sugkakopathēson*；8節）。由於羞辱與尊榮是兩個極端，保羅以受苦的範式來描繪「以福音為榮」是甚麼意思。保羅說「**不要以給我們的主作見證為恥**」（8節），並不只是說說而已，那是要付代價的。保羅並且說那是「給我們的主作見證」。保羅提醒提摩太，他在事奉上要交代的對象是「我們的主」，意思是這位主是保羅的主，同時也是提摩太的主。保羅的要求十分合理，因為這位主——耶穌——是管治他倆的真正的主，因此，他倆也應該勝過由另一位主——尼祿——引發的危機。能夠面對因福音而來的苦楚，是因為有上帝的能力（7節；參羅一9；另參3.1.3「鼓勵提摩太事奉的原因〔一7〕」，頁65～67）。在強調榮辱的社會裏，提摩太會很容易落入跟隨社會習俗這試探之中。保羅鼓勵提摩太要開放自己，嘗試接納不同意見，才可以配得上作教會的領袖。告魯雅指出，保羅並不是因為他有殉道者情結，喜愛受苦；反之，他是因著對主的忠信而受苦。因此，保羅給提摩太的信息，就是提醒提摩太要忠心，在服事社會（或凱撒）及他們的主這兩者間作出選擇。

二、論提摩太所事奉的上帝（9～10節）

與其繼續討論自己受苦或者提摩太所害怕的，保羅轉而討論提摩太所事奉的上帝是何等偉大，並進一步討論事奉上帝這議題（9～10節）。那麼，提摩太（和保羅）所事奉的是怎樣偉大的上帝？9節「上帝救了我們，以聖召召我們」可直譯為「祂救了我們和召我們跟從聖召」。這裏的重點很清楚。第一，上帝已「救了我們」。上帝作為救主這觀念，不只是我們今天傳福音時普遍所說的上帝的拯救。這一點比奈特(George W. Knight)所描述基督在自己的救贖工作，更為豐富。救主的職事在古代就好比君王的職事。希羅時代很多統治者都稱自己為「救主」。我們可以從當時代的錢幣中找到許多證據，支持舊約和新約之間的羅馬君王是以「救主」自居的。保羅將詞彙中所帶有的政治意味剔除，保留拯救的共同意義，即救主一詞都是帶著拯救的意思的。不過，保羅所指的拯救，並不是建基於人的行為，而是出於上帝的旨意和恩典。上帝拯救的，不是「我」，而是「我們」；而「聖召」(*kalesantos klēsei*)是這節經文的重點。「聖召」在希臘文是由兩個相同字根的詞(與「呼召」這字有關的)組成的，前者是動詞(*kaleō*)，後者是名詞(*klēsis*)。在希伯來文語法中，若在一節經文中重複出現同一個詞，便是帶強調語氣(出十五 16；箴二十 14)。保羅在這裏是沿用這種寫作技巧來凸顯他信息的重點。

「聖召」即呼召人從一個羣體中分別出來，它似乎帶有「聖潔」的意味。不過，保羅所指的並不如普遍人所理解的，只局限於個人品德上的聖潔，行為比世俗的道德標準為高。這樣的標準過於個人化，並且似乎要求也過低了。保羅討論的層面較為廣闊。他似乎是指一個羣體從屬世的價值體系中分別出來，然後進入他在此書信裏提及的那新的價值體系。雖然個人的品德亦包括在保羅精簡的神學宣言中，但以此來解釋「聖召」，同樣低估了保羅給提摩太的吩咐。原因十分簡單：提摩太沒有出現任何明顯的道德問題；而且，提摩太可說是保羅的同工中十分傑出的一位，以致保羅差派他作保羅的代表，處理各樣重要的事情。因此，保羅所說的「聖召」，不只是一些聖潔的行為。他所強調的是，當處於苦難的境況中，信仰羣體應該與世界分別出來，他們的反應也應該與世界不同。信徒羣體與非信徒羣體的分別在於，前者為了所信的受苦，後者則縱情於自己的信念。

保羅這樣談論受苦，因為它是根據上帝的旨意和恩典而定的（一9）。所謂上帝的「旨意和恩典」，是不能從今天普遍所説的成功和好處這等範疇來理解的。保羅認為上帝的「旨意和恩典」掌管一切，即使是在受苦之中，祂仍掌管一切。事實上，「這恩典是萬古之先……賜給我們的」，因此，打從時間開始便有恩典的存在（一9）。難怪保羅稱自己為「為主被囚」，而不是被尼祿囚禁的（一8）。換言之，無論是耶穌來到拯救世人，或者是保羅此刻的受苦，全都是在上帝的「旨意和恩典」裏面。那麼，如何證明這恩典的盼望是存在的？根據保羅，隱藏的事如今已經給揭示了（10節）。所揭示的事，就是「藉著我們的救主基督耶穌的顯現已經表明出來」。「顯現」這詞令人聯想到希臘的統治者，他們自稱擁有好比神明的特質。在公元前169年間洗劫耶路撒冷並玷污聖殿的安提阿古．伊皮法尼斯（Antiochus Epiphanes）就是其中一個例子（參「馬加比二書」〔*2 Maccabees*〕5.11～20）。至於基督的「顯現」，是指向基督是君王這身分及他神聖的地位，於此保羅並不只論到耶穌成為肉身一事，也論到「基督得勝者傳統」（Christus Victor tradition）的基督在十字架上勝過死亡的事。❺ 耶穌的稱號是「救主」（參9節）。在希臘文，「救主」這名詞之前有一個定冠詞，那表示耶穌是眾多救主（即是異教徒統治者）當中的一位獨特的「救主」，也表示他就是君王。保羅重複提及「救主」（即君王）——耶穌——的敍事（9～10節），而這敍事在初代教會早已根深柢固。換言之，耶穌勝過死亡並不表示信徒能夠免疫於苦難，但他勝過死亡的權柄，卻能夠安慰提摩太和所有為福音受苦的人。

3.2.1.2 不要以保羅這福音使者為恥（一11～12）

保羅繼續解釋道：他也是為這福音「奉派作傳道，作使徒，作教師」。因著耶穌基督，他可以參與上帝永恆的計劃，肩負使命，進到社會中接觸不同階層的人，將上帝的福音告訴他們。這樣，「傳道」、「使徒」、「教師」這些身分便有其獨特的意義。

- 保羅稱自己為「傳道」（*kērux*）。「傳道」其實就是使者，且是特別的使者。他的職責就是把君王的信息帶給他的受眾。保羅如此描述自己，表示他從事王者尊貴的工作，因為他要向王的百姓宣告重要的信息。
- 保羅又稱自己為「使徒」。到了這時，保羅的使徒身分已經廣為人知，就如他在 1 節所說的那樣。「奉派……作使徒」是一個特別的呼召，只有那些見過耶穌基督或者教會承認其擁有特別權威的人，才被稱為使徒（例如：保羅；參林前九章）。他的職責是透過宣教來建立教會。
- 當提及「教師」，保羅這位教師有別於那些在普通人中間作教導工作的老師，或者有別於只在信徒中間作教導真理工作的老師。對所有人而言，無論是信徒或非信徒，他都是一位宣佈好消息的老師。他主要的工作是要正確地教導真理，不扭曲、不刪減、不混淆，並且一代一代的傳下去。

由於他知道自己有顯赫的身分，因此，即使他被那看為羞辱的鎖鏈鎖著，也不會以之為恥。國度的榮耀與屬世的羞辱（即他的受苦）有著十分強烈的對比。韋特寧頓甚至主張，保羅以「作傳道，作使徒，作教師」這些使者身分來描述自己是反文化的。保羅的職責既有別於當時聖殿裏的使者，也有別於為帝國工作的使者。

從世俗角度看，作為聖殿及帝國的使者是榮耀的；但於保羅看來，雖然這 3 個身分令他「受這些苦難」，不過保羅仍覺得不以為恥。

他不以為恥的原因在12節清楚表明出來。保羅知道他所信的是「誰」。有趣的是，與羞恥相反的，並不是「勇氣」或「驕傲/尊榮」，而是「信靠」和「信念」。於此，「勇氣」和「尊榮」給清楚定義為「信靠」基督的價值體系。保羅信靠，因為耶穌是已經給予保羅(並影響著提摩太)那君王的使者和管家職事。有趣的是，如上文所述，對保羅而言，羞恥(或與羞恥有關的事)的反義並不是「勇氣」(或「傲氣」)，而是「所信的」，也就是指「信靠」和「信念」。保羅知道「所信的」，也能夠堅持所信的，因為保羅(也暗指提摩太)已從耶穌這位君王那裏，領受了使者和管家的職事。

12節確實令人感到興奮，因為保羅並不是說「我知道我所信的是〔甚麼〕」，而是「我知道我所信的是誰」。他不是相信一套命題或道理，而是相信「一位……」。這「一位」可以是耶穌或父上帝，經文沒有明確指出是哪一位。根據保羅，這「一位」有能力「保全祂所交託」保羅的。究竟這「一位」是要「保全」保羅哪些東西？這可以從兩個角度去理解：

- 「保全」事工。當保羅積極參與事工之時，上帝便委任他為這事工的管家。但是，如今保羅作管家這職事即將結束，而上帝(或耶穌)便成為這事工的管家。或可以簡單地，像韋特寧頓所說：「這兩點互相平衡，一邊是將事工交付給提摩太，另一邊是將事工交付給上帝。」
- 「保全」福音。這個觀點值得認真考慮，因為13節提及的不只福音事工，也提到福音本身。若是這樣，保羅所關注的是，所流傳下來的那正統的耶穌傳統，是否真確？

保羅確信上帝的保守，這也間接讓提摩太知道，提摩太要延續那種像保羅一樣的對上帝的信靠。事工或信息至終得以保守是出於上帝，提摩太則要成為上帝使用的器皿。不過，假如提摩太不願意學效保羅，保羅相信仍有其他人願意。換言之，提摩太依然可以選擇效法或不效法保羅。保羅採用這種修辭表達，為要給提摩太足夠理由，讓他去選擇是否站在上帝那方，而不是世界那方。世界那方是逼迫信徒的。保羅也期望提摩太讀這封書信之時，感受到的不是被強迫去走他的路，而是自願跟著他而行。懷著羞恥感去受苦，與不以為恥地受苦，截然不同。

3.2.2 提摩太應以保羅的言論作規範(一 13)

原文沒有「常常守著」這短句，那是「和修版」加上的。故此，不能將「守著」與14節的「守住」混淆。

除了不以保羅為恥，並要與保羅同工(8節)之外，保羅也要求提摩太「從我【保羅】聽到那健全的言論，要用在基督耶穌裏的信心和愛心**常常守着**，作為規範」(13節)。這節經文可譯作「你要靠著在基督耶穌裏的信心和愛心，把從我這裏聽到的健全信息，奉為模範。」(參「新漢語譯本」)它是對保羅在3至7節對提摩太的要求的回應。

類似「健全的言論……作為規範」(*hupotuōsin eche hugiainontōn logōn*；可直譯為「純正話語的模式」)的短句是保羅慣常使用的，是表示健康的醫學用語(四3；參提前一10，六3；多一9、13，二1、2)。他在這裏論到的是教會整體的健康，這種健康要以「信心和愛心」去奉行。這「信心」與5節的「信心」平行，表示「忠信」;「愛心」與7節的「仁愛」平行，是膽怯的解藥。提摩太從保羅那裏究竟聽過甚麼「言論」，我們可能永遠都不知道；但這極有可能是關乎基督救贖工作所帶來的果效的討論。提摩太要守著這個「規範」。這是甚麼「**規範**」呢?保羅在提摩太前書一章16節用相同的詞彙來描述上帝的救恩如何在保羅身上展現出救贖的大能。保羅以「規範」這詞彙所要表達的,是上帝會按著某個基本原則、而不僵硬地以某個方式去拯救罪人。因此,上帝拯救保羅的方式與提摩的不同。同樣地,這詞彙也意味著提摩太不需要以僵硬、教義式的態度去教導人。再者,保羅可能也考慮到當時教會面對的處境,而選擇性地討論某個敍事模式,或某個論到耶穌的生、死與復活的敍事。如此看來,保羅容許福音可以因著不同的處境及不同人的需要,而以適切個人狀況的模式豐富地表達出來。保羅提醒提摩太要「在基督耶穌裏……」,意思是要求提摩太必須在基督耶穌裏常常如此作教導,這「基督耶穌裏」很可能不只是指相信基督,也是指有分於他的受苦及服事他的羣體。根據13節,提摩太要奉著「在基督耶穌裏的信心和愛心」而行,是適用於所有耶穌基督的跟隨者的。

唐納(Philip H. Towner)稱這個「規範」為一個「模型、形式、標準」(“model, form, standard”)。

3.2.3 提摩太應守著美好的事(一14)

保羅第三個回應是:要求提摩太「牢牢守住……美好的事」(*tēn kalēn parathēkēn phulazon*)。「美好的事」或可譯作「善道」;「守住」(*phulazon*)以過去不定時時態命令語氣動詞表達,它帶出了保羅內心的迫切感。保羅以管家的用語來表達那些「交託」給提摩太的是「美好的事」,而提摩太需要確保它的安全。提摩太要守著福音,就像看管冠冕上的寶石一樣,這寶石就是「善道」——上帝的啟示。當寶石放在恰當的環境及光度之下,其寶貴的地方才能展示出來。為要使這「善道」得到發揚,使多人得到好處,這善道交付給提摩太。提摩太要靠著聖靈的幫助，而不是自己的能力來「牢牢守住」它。保羅在此提及「靠著那住在我們裏面的聖靈」。他認為聖靈的工作，不只引導個別人的明白真理，聖靈往往也會將一個羣體連繫起來，使其發揮隊工的作用。因此，得到聖靈的幫助，極可能是指提摩太要建立一個強大的宣教羣體，他們要將保羅的福音世世代代地延續下去。❻ 我們可能早已留意到，保羅勸勉的內容包含整個三一上帝的概念。提摩太要透過忠信，將三一上帝的工作展示出來。

在 3 至 14 節這書信主體的第一個段落中，保羅以感恩語開始。告魯雅認為這是保羅的祈禱，某程度上，那是幫助信徒去學習信心（或忠信）的祈禱。筆者認為這說法是不對的。禱文極可能只是一種文學手法，用來達成一種修辭目的，並以此表達一個主題：鼓勵年輕的提摩太要堅持作領袖，不可退縮。

在這段經文裏，保羅介入並處理提摩太的危機，他不只訴諸提摩太的傳承，也訴諸最高的秩序——上帝自己。耶穌在十字架上所作的事，正是保羅所指的事奉的原動力。假如耶穌受過苦，跟隨他的人豈不也要受苦嗎？真正的勝利是透過受苦而取得的。保羅要求提摩太做的事，就是他要為了整個聖潔羣體的尊榮，而從世界的道德規範中分別出來，也為此而受苦。因此，保羅提出的這個價值體系就有別於羅馬帝國的了。那個逼迫著保羅，也可能逼迫著提摩太的價值觀，是代表著另一種價值觀，是來自一個屬於帝國而不是救主耶穌的價值體系。如果提摩太屈服於「羞恥」的試探，就表示他認同這世界的價值觀，這樣會危害他作為教會領袖及耶穌的僕人這身分。

信仰反省

讓我們總結這段經文是怎樣應用於今天的世界。雖然不是每個社會都會以保羅時代的方式逼迫基督徒，然而總有一些社會是欺壓著基督徒的。我曾與一位在西方教會作顧問的老師閒談，他之前曾經在埃及的科普替基督教教會（Coptic Church）作教導工作。他表示，埃及科普替基督教事實上已經成為一個民族宗教，而它的歷史也十分悠久，但今天卻仍有少數極端分子，想滅盡所有埃及的科普替基督徒。在這樣的環境裏，不公開宣認自己基督徒身分的人比那些願意宣認的安全；然而，即使是最世俗化的埃及科普替基督徒，也會公開宣認基督的名。所有這些科普替人的手腕，都刺上一個十字架的標記。這標誌著他們所忠心的對象。

那些生活在相對自由社會裏的基督徒，不曾經歷逼迫的困苦，但並不表示他們就沒有任何挑戰。我們世界的價值觀直接挑戰著我們的福音，這些價值觀所強調的是財富。有時候，為了遷就人歸信，我們會將信仰描繪為「當人相信了耶穌，他的一切就會變得更好」。這種敘事架構的福音是一個謊言，有違保羅在這裏說的話。很多時候，在信仰羣體中，人只會分享昌盛、成功、得好處的經歷。保羅提醒我們，受苦是上帝「旨意和恩典」的一部分。當保羅提及上帝的恩典之時，他正在為基督被囚，且沒有獲釋的盼望。今天有多少基督徒可以在這樣的環境下讚美上帝呢？若未能如此，上帝的主權還未完全主導著我們的福音。

我們也討論過「規範」這議題，今天試從傳統角度看這段經文。假如看看基要主義者彼此之間的爭辯，就會發現問題往往出於對律法規條的字義理解和律法主義所提出的踐行和做法。當保羅論到「規範」之時，他要說的是福音中的敘事內容，那是根據某個概略的大綱，以某個有力的神學基礎為根基的。至於怎樣應用這些「規範」，就視乎詮釋者那一代的理解了。因此，信仰的應用在每一個時代都可以不盡相同。提摩太對信仰的應用可能會與保羅不同，但只要提摩太遵從大部分基本信念（信仰）便可以了。回顧過去和就著21世紀信徒踐行信仰來看，我們的前人所寫下的信條，是給我們留下一些我們必須知道的共通信仰元素，我們應該視為不可或缺的。除此之外，福音予人很大的自由度。有趣的是，保羅使用了與健康有關的詞彙來形容「教導」。在教導失衡之時，教會的健康就會受到威脅。若要達致平衡，就要視福音為「規範」，而不是一些僵硬、不變的具體規條，這樣就可以避免很多爭辯。因此，福音是活生生的，要幫助那稱為教會的有生命的羣體在信仰上成長。

最後一個經文應用，就是要澄清一件事：信徒受苦與非信徒受苦的分別。馬歇爾指出，信徒一般的受苦與為了福音而受苦的分別不大，但他的看法是錯誤的。在 12 節，保羅特別論到信徒的受苦。若按著整段經文來看受苦，我們便會發現保羅並不是討論一般的受苦。打從得勝的基督的受苦——他透過受苦展示出上帝的得勝——開始，保羅討論的受苦便是帶著目的的。這受苦是為了義的緣故，也是為了表達上帝的旨意。無可否認，無論是信徒或非信徒，總會遇見苦難，這本來就是人生的一部分。例如：某些人會因為種族或社會經濟的原因而受到不公平的對待，其所受的苦可能與信仰沒有直接關係。但是，保羅討論的受苦是與信仰有直接關係的。換言之，為了信仰而受苦也是一種表達信仰的方式。有些時候，基督徒會做一些愚昧的事並因而受苦，我們有時甚至會認為這些「苦難」是當得的，因為他們面對世界時沒有智慧。但是保羅這裏討論的，不是愚昧人的受苦，他討論的是「信仰是受苦」這核心問題。當一個見證福音的人做了一切正確的事去榮耀上帝，為福音作見證，他可能因這些行為而受苦，因為這一切與世界的一切截然不同。

釋經短註

❶ 馬歇爾（I. Howard Marshall）或韋特寧頓（Ben Witherington III）宣稱保羅在一章3節把以色列人的事奉與基督徒的事奉平行作討論。他們認為保羅對事奉的描述只為與某些列祖平行，而這些列祖的事奉的工作在救恩歷史中有重大影響力。保羅發現提摩太的潛質，因此他把自己的事奉連繫於提摩太的事奉。筆者不太認同他們的看法。詳細討論可參 I. Howard Marshall, *A Critical and Exegetical Commentary on the Pastoral Epistles* (London: T & T Clark, 1999), 691；Ben Witherington III, *Letters and Homilies for Hellenistic Christians: A Socio-Rhetorical Commentary on Titus, 1-2 Timothy, and 1-3 John* (Downers Grove, IL: IVP, 2007), 310。

❷ 有關筆者對女性可作教導工作的立論，可參曾思瀚：《僕人領袖的教導與領導——提多書、提摩太前書析讀》，曾景恒譯（香港：基道出版社，2013），頁101～102、131 ～ 132、232 ～ 234、250 ～ 252、269～270、316～317。

❸ 告魯雅（W. Hulitt Gloer）對一章 6 節「我按手」與「馬加比一書」的關連，可參 W. Hulitt Gloer, *1 & 2 Timothy — Titus: Smyth & Helwys Bible Commentary* (Macon, GA: Smyth and Helwys, 2010), 136。

❹ 唐納（Philip H. Towner）為了把 6 節「按手」這情況理解為授予聖靈，因而主張四章 14 節與這裏是不同的一種情況。與此同時，唐納亦承認，將藉著按手來授予聖靈看為是標準的做法，是會產生解釋上的困難的。他也引述使徒行傳八章 17 至 18 節，九章 12、17 節，十九章 6 節作討論。須留意的是，這些經文所記載的事情，都不是正常的情況，故不能當為正常(或標準)的做法。參 Philip H. Towner, *The Letters to Timothy and Titus* (Grand Rapids, MI: Eerdmans, 2006), 459。另外，告魯雅較間接地表示，這並不是職事的恩賜，而是履行職事的能力。Gloer, *1 & 2 Timothy — Titus*, 136。

❺「基督是得勝者」（Christus Victor）這術語源自瑞典一位神學家古斯塔．奧倫（Gustaf Aulén；1897 ～ 1977 年），是在他一本論述初代教會對贖罪的理解的著作中創建的。他對「基督是得勝者」有這樣的描述：「基督最優先、最重要的工作，就是要勝過一切使人類落在罪惡、死亡、邪惡的權勢。」參 Gustaf Aulén, *Christus Victor: An Historical Study of the Three Main Types of the Idea of the Atonement*, trans. A. Gabriel Hebert (London: SPCK, 1970), 20。

❻ 唐納認為 14 節保羅所指的「住在我們裏面的聖靈」，意思是「聖靈住在我們裏面」(即「在我裏面」活著)。他的觀點難以從保羅書信裏找到證據作支持。有關他的討論，可參 Towner, *The Letters to Timothy and Titus*, 479。

溫習及思考問題（一3～7）

1. 一章3至7節可以分為多少個思路？這書信主體的開首語是以甚麼形式表達？保羅如何描述他自己的事奉並以此作為提摩太的榜樣？你的事奉與保羅有何相同的地方？
2. 在困難中，保羅心中記念的是甚麼事？為何保羅要急切見提摩太？你在急難之時，心中記念的是甚麼事？
3. 保羅所指提摩太的「無偽的信心」，是指甚麼「信心」（5節）？這「信心」與提摩太的祖母及母親有何關連？提摩太是從哪裏傳承他的信仰？這與保羅有何關係？你的信仰是從哪裏傳承的？這與你的教會有何關連？
4. 保羅説的「我按手所給你的恩賜」是甚麼意思（6節）？「如火挑旺」是指甚麼？「火」為何不是指聖靈？你現時事奉的境況如何？
5. 「剛強、仁愛、自制的心」（7節）是甚麼意思？這些性情與「勇敢」是否相同？兩者有何分別？你的生命有沒有這些素質？

溫習及思考問題（一8～14）

1. 保羅提醒提摩太不要以哪兩件事為恥？提摩太是否因為怕受苦而以苦難為恥？提摩太當前面對的困苦是甚麼？上帝主權的旨意和恩典與受苦有甚麼關係？
2. 保羅如何描述上帝的偉大？於當時羅馬社會看來，「救主」與君王有何關連？保羅對「救主」的看法，與當時代的人的看法有何不同？
3. 「聖召」、「旨意和恩典」（9節）是甚麼意思？這與保羅所傳的福音有甚麼關係？保羅的這些用語如何影響提摩太的思想？
4. 「作傳道，作使徒，作教師」（11節）有何共通點？保羅以不同的身分形容自己的使者角色，但這角色如何超越世界的使者？
5. 保羅如何勸勉提摩太，要他以保羅的言論作「規範」？保羅的言論是指甚麼？我們應如何在信仰生活中實踐「規範」？
6. 保羅要求提摩太「牢牢守住……美好的事」（13節）。這「美好的事」是指甚麼事？這與我們的信仰有何關係？「牢牢守住」是甚麼意思？提摩太應如何「守住」（14節）善道？
7. 整體而言，保羅在此教導提摩太甚麼信息呢？你如何在你的信仰生活中將這信息實踐出來？

第四章

剛強的信心

（一15～二13）

- 忠心的榜樣
- 提摩太應有的回應
- 以信條作受苦的基礎
- 總結

經文

1 [15]你知道，所有在亞細亞的人都離棄了我，其中有腓吉路和黑摩
其尼。[16]願主憐憫阿尼色弗一家的人，因為他屢次令我欣慰。他
不以我的鐵鏈為恥，[17]反而一到羅馬就急切尋找我，並且找到了。[18]願
主使他在那日能蒙主的憐憫。他在以弗所怎樣多服事我，你是清楚知
道的。

2 [1]我兒啊，你要在基督耶穌的恩典上剛強起來。[2]你在許多見證人
面前聽見我所教導的，也要交託給那忠心而又能教導別人的人。
[3]你要和我同受苦難，作基督耶穌的精兵。[4]凡當兵的，不讓世務纏
身，好使那招他當兵的人喜悅。[5]運動員在比賽的時候，不按規則就不
能得冠冕。[6]勤勞的農夫理當先得糧食。[7]我所說的話，你要考慮，因
為主必在凡事上給你聰明。[8]要記得耶穌基督，他是大衛的後裔，從死
人中復活；這就是我所傳的福音。[9]我為這福音受苦難，甚至像犯人一
樣被捆綁，然而上帝的話沒有被捆綁。[10]所以，我為了選民事事忍耐，
為使他們也能得到那在基督耶穌裏的救恩和永遠的榮耀。[11]這話是可信
的：我們若與基督同死，也必與他同活；[12]我們若忍耐到底，也必和他
一同作王。我們若不認他，他也必不認我們；[13]我們縱然失信，他仍是
可信的，因為他不能否認自己。

這一章的析讀包括一章15節至二章13節。一章15節可以是屬於一章3至14節的，亦可以歸入16至18節作討論。按內容看，在上一個段落中，當保羅鼓勵提摩太要忠心之時，他曾以正面例子——提摩太的家庭和保羅自己——作開始。因此，以負面的例子來結束上一段經文是十分適切的。但是，從另一角度看，保羅似乎使用了十分誇張的修辭技巧，就是以正、負面的表述來凸顯他的信息。他先提到負面的例子（15節），然後再提及一些正面的例子，讓提摩太效法（16～18節）。他接著再勸勉提摩太應以怎樣的態度作回應（二1～10）。保羅以這樣的方式來表達，為要使信息一個緊接一個地被陳述。筆者選擇了這後一種分段法。

這一章可以分為3部分。在第一部分，保羅承接上一段對提摩太的教導——「不以為恥」的信息，並再列舉一些人物例子來指出，除了提摩太的祖母和母親，以及保羅，也有信徒在忠心事奉（一15～18）。在第二部分，保羅提醒提摩太應如何回應「不以為恥」的信息（二1～10）。在第三部分，保羅以一個信條來總結他的信息（二11～13）。

4.1 忠心的榜樣（一15～18）

分段大綱（一15～18）

一、負面的例子（一15）
二、正面的例子（一16～18）

4.1.1 負面的例子（一 15）

這節經文信息十分簡單，就是保羅投訴「所有亞細亞的人都離棄了」他。保羅不是指「所有亞細亞的人」一直都離開他，而是指在他被囚的這刻，他們離開了他。或許他在羅馬獲釋後，有一段短暫時間到過「亞細亞」，然後他便被捕，而這一刻再次身處羅馬。當時提摩太正身處亞細亞北面的特羅亞（四 13），而加布、百基拉、亞居拉和阿尼色弗可能也在那裏（四 13、19）。再者，特羅非摩正身處米利都，那地方都是在亞細亞境內的（四 20）。而且，保羅至終只列出「腓吉路和黑摩其尼」這兩個人的名字。究竟他們是誰？與保羅有何關係？他們怎樣離開？保羅沒有交代，我們也不多作揣測。這只能説當時確實有人離開了。既然只有兩人是明顯離開，保羅用「所有」這詞彙確實有點誇張。這樣的表達雖有失實之嫌，但卻將保羅當時被離棄的情感準確地表達出來。韋特寧頓認為即使保羅有如此的表達，提摩太是知道事實的真相的。畢竟，當保羅被捕時，提摩太及其他的人正身處亞細亞。換言之，提摩太知道保羅是誇大其辭，但這樣概括的描述，卻將保羅當時那種嚴重的境況凸顯出來。

保羅如此的表達，是為了甚麼呢？是要叫提摩太為他感到難過嗎？告魯雅指出，保羅除了在肉身上受苦，在情感上也不好受。他在極度痛苦中產生了被離棄的感覺，以致感到「所有亞細亞的人都離棄了」他。然而，根據書信接著的內容看，這樣的保羅若真如此，就顯得太誇張了。無可否認，這書信的內容浮現了一個「感性」的保羅；但亦有證據顯示，這是一種聰明的修辭技巧。如上文提到韋特寧頓的看法，即提摩太必定是知道真相的。這位與保羅如此親密的同工，肯定明白保羅所指的「所有亞細亞的人」是甚麼意思，他甚至比任何細心的現代詮釋者所知的更多。保羅的意思很可能是指，雖然仍然有人與他站在同一陣線，但當他被捕時，教會眾信徒卻可能已四散。保羅這次的被捕，肯定對教會帶來沉重的打擊，以致保羅只剩下上述的同工。從保羅較早時給提摩太的吩咐來看，人離棄的原因必定是對福音或保羅被囚——又或這兩者——感到羞恥。負面的例子，是要向提摩太重申，提摩太這刻的勇氣和忠心十分重要。

4.1.2 正面的例子（一16～18）

保羅繼而轉到較為正面的講論。保羅在這裏提到「阿尼色弗一家的人」（16節），這一家的名字再次出現在此書結尾的問安語中（四19），而保羅為這一家所作的祈禱（一18），與一章2節保羅為提摩太這屬靈兒子所作的祈禱十分相似，都像是一個家庭式的禱告。現代的讀者很容易低估了這個家庭的重要性。研究阿尼色弗是「一家之主」這一點，比研究保羅身邊的任何人更加值得注意。事實上，我們很容易就會誤解羅馬人對家庭的概念，我們一般會把家庭裏的成員理解為只有血緣關係的人。但是，羅馬的家庭卻像是一個社會網絡，是帶有政治意味的。比血緣關係更重要的是，這個家庭是政治和法律的實體。

阿尼色弗是「一家之主」，是指他是一所家庭教會的經濟恩庇者，而他當時身在羅馬（17節）。阿尼色弗這名稱只出現於提摩太後書，而保羅亦沒有為他的身分多作解釋，可見提摩太知道他是誰。或許阿尼色弗也去過提摩太事奉的所在地亞細亞，這從阿尼色弗在以弗所的事奉可見一斑（18節下）。保羅提到「阿尼色弗一家的人」（16節），反映了保羅並不是為阿尼色弗求憐憫，而是為他的家庭代求。為何保羅一方面為他的家庭求憐憫，另方面又稱讚他呢？這樣，究竟是阿尼色

羅馬人對家庭的概念

羅馬家庭是一個從上而下的複雜關係網絡。最陳規的家庭是帝王的家庭，帝王就是「一家之主」。用來形容家庭的拉丁文是 *familia*，英文的 family 就是源自這詞。因此，現代人自然會將今日家庭的概念讀進羅馬時代，錯誤地理解羅馬家庭。在羅馬時代，家庭之首是「一家之父」（拉丁文是 *paterfamilias*；意思是家中最年長並在生的男性）或「主」。❶ 了解何謂「一家之父」十分重要，因為這與現代的父親角色截然不同。對於羅馬家庭的「一家之主」來說，他的法律地位完全建基於家業繼承法。因此，若一個羅馬人擁有了繼承權，就相等於擁有了家中的權力。❷ 家庭是分享這種權力的地方。每一個家庭都必須以一個男性為首，並且他要承繼遺產，以致它可以將家業世代相傳下去。一個家庭要有這樣的架構，才能得到社會的保障。

在一個家庭裏，每個人都有他的位置，甚至奴隸也屬家庭中的一員。奴隸是主人的財產（有時候也是主人的事務代理人），即使得解放而成為自由人，他們仍屬於那家庭的。另外，由「一家之主」聘用回來的自由人也屬於那家庭。事實上，在君正家中，很多已被解放的奴隸及受聘的自由人，都很樂意宣稱自己與帝國家庭有關係，因為透過這種關係，才可以沾上帝王的尊榮。由於奴隸都可以是主人的事務代理人，有時，成為一位受敬重的主人（例如：帝王）的奴隸，比一位不受敬重的主人家裏的自由人更有尊榮。因此，假如一個家庭沒有與受人敬重的恩庇者有關聯（又或沒有與帝國網絡有關），就得不到尊榮。家庭恰恰就是塑造一個人的身分的地方，人的榮辱是從家庭中攫取的。因此，一個人的社會地位，是在於他的家庭的社會地位。另外，人的尊榮也來自家庭中的位置，這會影響他所承受的遺產。在家庭中得到的遺產愈多，所得到的尊榮相對就愈多。

簡單來說，家庭是羅馬世界權力分配的中心。這些背景鉤勒了一章 16 至 18 節的背景。

弗作了善工，抑或是他的家人作了善工，因而配得保羅的稱讚呢？有些學者如韋特寧頓認為阿尼色弗當時可能已經離世，而照顧保羅的職責便落在他的家庭身上。假如保羅寫信的時候，尼祿已經開始熱中地捉拿信徒，這個解釋便可能是合理的。但是，從經文去看，阿尼色弗「到羅馬就急切尋找我【即保羅】，並且找到了」（17 節）可見，阿尼色弗當時極可能是在服事保羅——而且保羅在書信的結尾也向阿尼色弗的家庭問安（四 19）。在阿尼色弗的家庭中，極可能有人代阿尼色弗處理家中事務，好讓阿尼色弗可以安心去羅馬尋找保羅，並且可以長時間留在那裏。即使他遇上了生命危險，他的家仍有其他人照顧著。若從這角度看，將阿尼色弗看為已死就顯得不合理了。當保羅說為阿尼色弗祈禱，並不表示他的家庭不在保羅的代禱中，阿尼色弗既是「一家之主」，他就是這家庭的代表。阿尼色弗的家庭可能跟隨了初期教會歸信的模式，由阿尼色弗帶領整個家庭歸信基督，其中包括了家中的奴隸及自由人（類似的例子有哥尼流和腓立比的獄卒）。當保羅在羅馬被囚禁之時，阿尼色弗極可能不在家中，所以他要求家中的人照顧保羅的一切需用。當阿尼色弗回來，他便會親自去羅馬照顧保羅（參 16 至 17 節的表達）。接著是處理保羅所指的「憐憫」（18 節）。保羅所指的是將來審判之日。保羅這樣表達意思是：基於阿尼色弗整個家庭都服事保羅，保羅便祈求上帝報答他們的恩慈，在審判的日子按他們所行的施下憐憫，使他們免受審判。

在此，我們為 16 至 18 節稍作結論。在羅馬人的社會裏，一個家庭在社會所擁有的權力與地位，與這家庭與社會的人際網絡有關。如果家庭所接觸的，大多是達官貴人，就表示它在社會上也是有地位的。阿尼色弗的家庭與信徒有聯繫，繼而與保羅有聯絡。他這樣的人際網絡會危害整個家庭，甚至會削弱阿尼色弗在社會原有的地位或權力。從近代羅馬社會的經濟研究顯示，那些擁有產業的人與那些沒有產業的人，在社會中擁有的權力十分懸殊。❸ 若一個人因某些原因而放棄自己的社會地位，他幾乎不可能再取回這地位。單從這一點便足見有權力與沒有權力的分別。阿尼色弗可說是為了保羅和他所信的福音，放棄了自己的性命。他這樣做會使他自己和整個家庭陷入危機。他這樣的犧牲成了提摩太的榜樣，讓提摩太也有自我犧牲的精神。阿尼色弗與保羅站在同一陣線，這表示他已經與羅馬帝國和在首都羅馬的君王對敵。他可能會失去他曾經努力經營的東西，甚至因為失去經濟上的利益而危及他的家人。韋特寧頓將阿尼色弗的行為描述為「猶如一個人走到軍營裏，尋找另一個由軍長或禁衛軍監管著的人。這人必定需要有很大的決心」。無疑，阿尼色弗的舉動十分大膽。從世人的角度看來，阿尼色弗的行為十分愚蠢，因為他的行為肯定冒犯了凱撒這個「一家之主」，他至終會受到帝國嚴厲的審判。保羅借用了當時凱撒是帝國的「一家之主」這普遍接受的觀念，卻反問誰是真正的主——不是凱撒，而是耶穌那至終審判世界一切的主。因此，「憐憫」不是從凱撒而來的。阿尼色弗並不害怕那個有能力毀滅身體和他家庭的人；相反，他敬畏那位審判人並掌管人永恆命運的上帝。「以世界為恥」可能會遭世人唾棄，但卻會得到從上帝而來的尊榮。阿尼色弗因此成為提摩太和所有盼望忠心跟隨基督的人的榜樣。

保羅為了幫助提摩太處理危機，他在書信中使用了許多誇張法的宣稱這種修辭方式。若然阿尼色弗是因著與保羅的關係而失去了生命（如上文提及的韋特寧頓的說法），那麼，當時的危機已十分嚴重了。不過，阿尼色弗應該仍然活著，並且當時是在保羅身邊。一直以來，提摩太普遍被理解為保羅的一位膽怯的門生。不過，保羅這種以歷史修辭技巧的表述，應該會改變我們對提摩太的看法。傳統之所以視提摩太為膽怯的，也未嘗沒有道理，但若然與保羅有關的所有事情都是反帝國的，而他的福音又被視為是不愛國的，那麼，凡作保羅伙伴的人，又豈有不害怕之理呢？提摩太已選擇站在保羅那方，他肯定會有生命危險，因為此時尼祿正積極地尋找反帝國的人，並要把這些人置諸死地。提摩太將會是被捉拿的完美對象。保羅認為與其對危險避而不談或粉飾太平，倒不如説明實況，這樣，提摩太會朝更高的目標進發。即使今天，有些人可能會評論説，那些在反基督教的國家中生活的信徒雖願意犧牲性命，但這樣會令他們的家人擔驚受怕呢。保羅的想法不同，他認為這只是藉口。因此，有別於傳統的理解，提摩太其實是個異常勇敢的人，直至這一刻，他仍與保羅保持聯繫。保羅要求他要繼續堅持下去。

在這篇後殖民式的講論裏，保羅提到阿尼色弗是很顛覆性的。筆者理解韋特寧頓認為阿尼色弗已死的原因（雖然筆者不認同韋特寧頓的説法）。假如阿尼色弗仍然在生，保羅在信中直呼其名，會危及阿尼色弗的安全。保羅這樣表達，確實要強調耶穌的權柄與凱撒國度的權柄之間，是有衝突的。若要得到社會地位和任何經濟上的利益，阿尼色弗的家庭必須忠於凱撒；但是，他選擇了忠於保羅。這不只危及自己的性命，也危及著整個家庭。最令人欣賞的是，他的家庭對阿尼色弗十分忠心，願意繼續照顧保羅。憑著這一點，已反映出阿尼色弗在家中影響力很大，而他的家庭成員也信靠他。為了支持福音的擴展，他拒絕了帝國，也因而成了羅馬國土上的異國居民。保羅如今希望提醒提摩太，要他將自己的尊榮押注在上帝的國度裏，並要成為羅馬國土上的異國居民。很多時候，研讀提摩太後書的人會為了維護個人的好處，而剔除書中對作門徒的激進要求。這封私人信函中出現的尖鋭語氣，是不應忽略的。保羅並不如許多學者所認為的，是一個馴化了的保守分子。

4.2 提摩太應有的回應（二 1～10）

「你要……剛強起來」這動詞已包含「你」這代名詞，故此「你因此」中的「你」是額外加上的，有強調的功能。

將二章 1 至 10 節形容為「提摩太應有的回應」是最合適的，因為 1 節以「你因此」（*zu oun*；「和修版」沒有將這連接詞短語譯出來）開始，**強調「你」**，接著才是「你要……剛強」這動詞。這「你」與一章 15 節的「所有在亞細亞的人」形成了強烈的對比。「因此」這連接詞一方面是回應離棄保羅的人（一 15），另一方面也回應關心保羅的人（一 16～18）。此外，保羅強調「你」，是在要求回應。保羅並不只是申明上述的事實，更希望引導提摩太以行動作回應。這種「你因此」的修辭技巧，展現出提摩太身邊帶負面形象的人的行為與提摩太形成了強烈對比。假如這些帶負面形象的人正在積極地作破壞行動，提摩太就必須同時積極地盡他本分面對衝突。保羅在這個段落裏，作出了 4 個吩咐。

分段大綱（二 1～10）

一、提摩太要剛強（二 1）

二、提摩太要交託（二 2）

三、提摩太要與保羅同受苦難（二 3～6）

1. 當兵（二 3～4）
2. 運動員（二 5）
3. 農夫（二 6）

四、提摩太要多思考（二 7～10）

1. 提摩太要思考（二 7）
2. 提摩太要記念（二 8～10）

4.2.1 提摩太要剛強（二1）

保羅對提摩太的第一個吩咐是，「要〔他〕……剛強起來」（*endunamou*；或譯作「得力」，參弗六10）。這動詞是以現在時態被動語態命令語氣來表達的。保羅以被動語態表達這個吩咐，十分有趣。他是在暗示上帝才是主動使提摩太得力的那一位。得力的源頭在於「基督耶穌的恩典上」（*en tē chariti en Christō Iēou*；可直譯為「在恩典裏，在基督耶穌裏」）。

這個「要……剛強起來」的呼籲不只建基於提摩太原本有的好性情，更來自「基督耶穌的恩典上」，可見保羅並沒有要求提摩太要靠自己勇敢起來。若説恩典是從基督而來，那麼，保羅説的恩典其實是「在基督耶穌裏」的。雖然恩典毫無疑問是來自基督，但這句子帶著更廣闊的意思。當然，恩典是人不配得的，必須透過稱義由上帝賜予。但是，「在基督耶穌裏」這短語標誌著信徒不只從基督那裏得著恩典，而且要「在基督耶穌裏」經歷恩典（林前一4）。基督徒最起初的經歷是在基督裏的，但這從來這都不是個人、而是整個羣體的事（**羅三24，八1**）。這經歷的基礎就是恩典，而信徒在當中透過在基督裏的新生命，成為聖潔的羣體，一同經歷上帝的愛（羅八39；林前一2）。當眾信徒宣認自己已經向罪死，他們就是一整個羣體——像一個「身體」（Body）——在基督裏活著。這樣，羣體的生命就得以延續（羅六11、23）。因此，保羅論到「在基督裏」，其意思並不是指「我已接受耶穌，我會成為一個個人主義式的基督徒，我可以不理會其他人」——其實保羅只有一次以單數形式表達「在基督裏」，當時保羅提到他個人成了別人的榜樣（林前四17），但他立刻又將這種品格教導轉移到那些在教會中服事的人身上。換言

「稱義」是以複數分詞表達（羅三24）；「在基督裏的人」（羅八1）同樣是以複數表達。

之，保羅向提摩太要說的真正信息是：「須記著你所擁有的勇氣，並不是出於你自己或者你自己的能力；要牢記耶穌就是彌賽亞，他在你軟弱時使你剛強。」

羣體性地「在基督裏」這個概念是重要的，但更重要的是，這「恩典」同樣是賜予整個「基督的身體」(Body of Christ)的。換言之，「恩典」也是以集體性的用詞來表達。須強調的是，這「恩典」並不是指一種只給予此時、此地、此人的特別恩典，而是指一種適切於所有情況及所有人的恩典。保羅提醒提摩太，這是所有人在任何時候都能得著並需要的。當保羅向提摩太提出一個難度極高的要求之時，「恩典」就使提摩太「剛強起來」。任何人，包括提摩太，都有他的限制。保羅知道所有人都需要上帝的「恩典」，以致他這個吩咐用上了現在時態。他要提摩太留心，他在生命中的任何情況下都能得著上帝的「恩典」。提摩太無論在順境或逆境，總需要上帝的幫助。

4.2.2 提摩太要交託(二2)

保羅對提摩太的第二個吩咐是，要「交託」(*parathou*)。保羅的語氣就像是在給管家吩咐。保羅使用了一個充滿著豐富象徵意義的詞彙。「交託」是一個過去不定時時態動詞，保羅從「剛強」這現在時態的吩咐，轉為「交託」這過去不定時時態的吩咐，要提摩太將「教導」的職事傳給其他人，這表示他迫切盼望提摩太有所行動，以確保不會耽誤福音的傳承。保羅形容這教導為「在你【指提摩太】許多見證人面前**聽見我**【指保羅】**所教導的**」，這表示提摩太最初聽到、並記在腦海裏的教導，是透過口述而不是筆而來錄的。希臘文的重點是「我」(*emou*)，而「所教導的」(*ha*)原

「聽見我所教導的」(ha ēkousas par' emou)原文可直譯為「從我那邊聽到的這些」。

文是一個複數代名詞「這些」（「和修版」將之譯為「所教導的」）。保羅並沒有說明「這些」的內容是甚麼，但提摩太肯定是知道的。保羅很可能傳遞了關於耶穌的傳統（參二 11～13）。這句子中的「我」是一個普通代名詞，不是以強調語氣說出來的，這表示保羅不是孤軍作戰，他是以「許多見證人」來平衡他的論點。「見證人」的重要性不容忽視，而且這是「你【指提摩太】……許多見證人」，這反映了見證人是一個羣體。羣體的身分是為了確保保羅是在正確地處理他所傳遞的傳統。

保羅這刻要催促提摩太尋找可靠的人去教導其他人。「忠心而又能教導別人的人」這短語中的「**人**」（*anthrōpois*）在希臘文中是一個陽性名詞，但可指任何一個人（雖然在他的時代裏，男性比女性較多接受過教育）。這些「人」極可能是指那些符合提摩太前書三章所描述的對長老的要求的人。更重要的是，訴諸耶穌傳統和見證人帶有強烈修辭意味，因為提摩太在事奉上正面對著嚴峻的考驗。當他尋找有能力的教師之時，同時他也是把這些人拖進危險中。人能夠因某事叫自己的性命危在旦夕，背後必定是建基於某些事情或充足的理由，而最好的理由和基礎就是耶穌傳統。

雖然很多人把 1 節理解為保羅支持男性作教師的經文，但是保羅在這裏使用的詞彙可以譯作「人」，而不是指明女教師或男教師。因此，「忠心能教導別人的人」的重點不是在性別上。

保羅時代的承繼制度

從經文的陳述，我們看到繼承是有制度的。有關繼承權的問題，有兩個基本的派別。羅馬天主教傳統上認為繼承權是透過一個人或一羣見證人而傳承下去的（後來發展成羅馬教皇職位的傳承），他們的觀點可以追溯自教父特土良（Tertullian）。新教（例如：約翰．加爾文〔John Calvin〕）則多認為承繼是可以透過信息來進行的。

以上兩種詮釋都有其正確的地方。按初期教父的理解，保羅的繼承權並不是透過一個人、而是多個見證人和多人（複數）來進行的，這觀點是正確的。不過，保羅最終關注的是信息的傳遞，而不是職事的繼承；當然，這可能應該是今天的「新約後正典」（post-NT-canon）處境下應用這些經文的「標準」。然而，筆者認為最好的處理方法是從歷史保羅的情況來解讀這些經文；若按此方法，便會發現上述的派別確實存著一些問題。如果與保羅其他的書信的一些內容作比較，從人轉為信息，似乎有違保羅慣常的做法(這是許多解經家忽略了的一環)，這個討論似乎違反了之前在保羅其他的書信裏所強調的肩負著使徒職事的「人」。施賴納（Thomas R. Schreiner）指出，正是由於異端的出現，保羅才把繼承權的重點放在信息而非人的身上。他的說法頗有道理。❹ 真實的情況可能是，提摩太不及那些煽動者（編按：指煽動信徒反對提摩太的人）般有魅力，所以在羣體中的影響力不及他們。假如保羅強調使徒的職事和他們的繼承人（在這裏是指提摩太），那麼提摩太和煽動者之間的衝突便會激化，這會損害到所傳的信息。因此，繼承的次序可能如下：保羅先向羣體作教導，其中包括提摩太，而提摩太也要將保羅的教導傳承下去。他藉此提醒提摩太，讓提摩太知道保羅的教導也傳承著耶穌傳統，而許多的見證人也肯定了保羅的教導。如今保羅要將傳承這職事傳遞給提摩太。保羅的心意是要提摩太看見傳承的重要性，而且到一個地步，就好像若不先傳給提摩太，福音肯定會失傳。之後，提摩太成為領袖，他的職責就是要尋找那些忠心的人，並把這個信息傳給他們，使他們成為下一代的領袖。福音是否真確，以及是否能放諸任何處境，全視乎這個傳承。尋找下一個有質素和有能力的領袖，總是領袖需要關注的事情。下一代信徒能否生存下去，尤其是在嚴峻的環境和面臨逼迫的情況下——就全視乎這個傳承了。我們必須努力確保每一代都延續著這種傳承。

4.2.3 提摩太要與保羅同受苦難(二3～6)

保羅的第三個吩咐就是：提摩太要與保羅「同受苦難」(*sugkakopathēson*)。「一同」(*sun-*)是關鍵詞。保羅並沒有說他可以坐在象牙塔裏，任讓提摩太承擔所有困難的工作。事實上，保羅已承擔了所有困難的工作，但他需要提摩太與他同工。於此，保羅從希臘著作中借用了3個常見的隱喻以闡釋受苦是怎麼回事。我們要緊記，假如保羅是在討論「一同」受苦，那麼這些隱喻就不只是指涉提摩太，同樣也指涉保羅。換言之，他是根據個人事奉的經歷——尤其是受苦的經歷——來教導這些隱喻。筆者大膽地主張這3個隱喻全都與「受苦」有關。它們全都連於3個動機：為要使招兵的人喜悅，為要得冠冕，為要有好收成。保羅所說的並非空談，他自己也切實去行。以下將詳細討論這3個隱喻。

4.2.3.1 當兵(二3～4)

身為帝國公民，保羅使用了當代生活環境的事來解釋他的言論。他在這裏論到當兵的人行軍的態度。有不少羅馬士兵為了討召他當兵的人喜悅，甚至放棄「世務」——放棄過平民百姓生活的權利，甚或放棄婚姻。當然，保羅所指的士兵，並不是普通的士兵，而是特別徵召的「精兵」(*kalos stratiōtēs*)。這詞彙是用來形容專業的士兵的。

這個隱喻本身十分簡單，但卻有很大的詮釋空間。它考驗著我們理解隱喻的能力，以及其延伸出來的敍事方法。一直以來，很多人曾就著教會的議題來詮釋並寬鬆地應用這個隱喻，以此作為支持或反對所有教會議題的理據。舉例來說，奧古斯丁以此來描述修士對抗罪和試探的生活方式。有些人則完全拒絕這個隱喻，認為它太過暴力和鼓

保羅時代當兵應有的表現

士兵一般要為帝國服務 30 年，他們退役後才結婚，所以社會出現不少年紀很大才結婚的男人，也因此亦有老夫少妻的現象。當兵不只是一份工作，也是一種生活方式，因為當兵的人在服役期間，無時無刻都穿著軍服，並且帶著自己的財產四處走動，原因是他們會因應帝國的需要而被調派到不同的陣線。他們的工作只是純粹為保衛羅馬的利益。只要他們能如此放下一切去當兵，他們的長官就會喜悅他們，而他們的努力會帶來晉升機會，因為他們的長官會認為這樣當兵的人，會是一位出色的軍人。

吹軍國主義。有些人想把這個隱喻理解為一種寓意，即將「世務」——平民百姓的生活及事情——理解為教會以外的事情。若如此理解，教牧人員就是士兵，他們理應只關心教會內的事情，而不應涉足其他「任何事情」（即教會以外的事情——社會上的事情）。這樣應用那隱喻當然是錯誤的。我們絕不可以將這隱喻和與它有關的敘事寓意化，然後直接套入現代的情況裏。馬歇爾駁斥這種寓意解釋的進路，他說：「有些人明確地吩咐不要參與商業活動；亦有更極端的想法——為了令福音不受損害，因此吩咐提摩太不要學效保羅，靠工作維生。」所有這些解釋都不是保羅這隱喻的基本意思，因為他加上了一些修飾語，就如耶穌為每個比喻加上解釋一樣。請緊記保羅所寫的不是無中生有，他清楚說明了士兵的工作就是要討官長的喜悅，而涉足平民生活是士兵職務以外的事。凡上司都不會喜悅下屬做工作以外的事。保羅的焦點不是「世務」，即平民百姓的生活，而是士兵是否「專心一意」的為官長效勞，以取悅官長。保羅這隱喻的焦點是保羅與福音一同受苦。事實上，「世務」的講法只是個古代例子，是保羅借用來描述取悅和不取悅官長的情況。再者，保羅所用動詞的時態已澄清了保羅的意思。「纏身」（*empleketai*）可直譯為「纏著或混雜」，是現在時態被動語態。若要直譯出來，這個動詞的意思有如「不斷地〔被某些東西〕混雜著」。保羅察覺到士兵有時候會為「世務」擔憂，因而耽誤了他本分要做的事情。例如：當他聽到他的家庭在農耕上遇到麻煩，他就為此擔憂不已。然而，士兵不應不斷被這些事困擾著，以致無法集中精神，因為他的目標是取悅他的官長。

告魯雅把當兵的隱喻連於這封書信的重點：「受苦難」（3節），聲稱「精兵已準備好承受因履行職務而帶來的後果，縱然是要受苦」。他的想法別有洞見。保羅早已察覺到他和提摩太都可以在面對生命的挑戰時，被世務纏繞著，以致無法專心討主的喜悅。告魯雅指出，這樣的教導來自耶穌傳統——沒有人能事奉兩個主（參太六24；路十六13），他的觀點或許是正確的。提摩太或許最終不會像那些離棄保羅的人，但他亦可能因著當時嚴峻的情況而未盡力做好本分，故未能達到目標。因此，問題的重點並不只在提摩太是否有關注其他事，更重要的是提摩太的注意力被分散了，無法討主的喜悅。作為領袖的，生活裏同樣會被各樣大大小小的挑戰困擾著，但這正是生命的一部分。其關鍵是不要完全被這些挑戰綑綁，以致無法集中精神事奉。我們永遠不要忘記的是，保羅以尖銳的言辭所討論的是甚麼事情。他信息的重點是提摩太要與他一同為信仰受苦，而目的是討主的喜悅。

有一件事是需要提及的，保羅以當兵作為第一個隱喻，因為所有士兵都不能單獨行動，而要以團隊形式來行動。因此，任何士兵都要學習有策略地與其他士兵同工。透過他們的集體智慧和努力，才能服事他們的帝國。同樣地，提摩太並不是獨自一人受苦。除了保羅，也有許多人在當下的危機裏因服事主而一同受苦。正因為這些受苦者的集體努力，基督的國度才能繼續發展。他們如此行，都只為一個原因，就是討他們的主——基督——喜悅。

刻在羅馬廣場上的雕塑將羅馬時期的羅馬軍隊形象刻劃出來

4.2.3.2 運動員（二 5）

這個隱喻比當兵的隱喻更加「簡短」，所以需要掌握更多當時的背景資料才能作適當的詮釋。保羅在這裏根據一些運動的「比賽」規則來作出討論（「和合本」譯作「比武」）。這些是甚麼規則呢？在羅馬的運動比賽中，參加比賽的人是否有資格參賽，是在運動舉行之前一個月決定的。為了使比賽能夠公平進行，一切賄賂和走捷徑的行為都是不合法的。在比賽之前，羅馬人會舉行一些宗教儀式，向宙斯獻祭，祈求在比賽中得到神明的保守。這表示他們十分看重比賽。運動員也需要作一連串的測試，方可參賽。在測試之前，首先要確認他公民的身分。然後，為了通過測試，他們要在測試之前按測試規則的要求作一些訓練，這樣才能符合測試資格。

這個隱喻提到的不只是比賽要按著規矩進行，也提醒運動員要為大型的比賽作好預備，而參賽者最大的目標是要得獎賞——「*冠冕*」。這冠冕是由橄欖樹枝造成的。簡單地説，保羅以運動員必須跟隨規則參賽這隱喻，來比喻提摩太要跟隨現有的規則行事。保羅所指的規則是甚麼呢？答案是：與保羅一同受苦。如前文所說，在尼祿的時代，參加比賽的其中一項規則是，人要經過苦練方可以出賽。❺ 保羅表示提摩太這樣的受苦，其目標是為得到獎賞，就像運動員一樣。於參加比賽的運動員而言，得獎的只有少數人；但放諸信仰，所有愛耶穌的人都會得到獎賞（參四 7～8）。因此，信徒在地上受苦，就好像參加比賽一樣。當運動員以最終的勝利為目標，信徒亦要以將來的賞賜為目標。信徒的受苦甚至會遭致死亡，就如耶穌一樣（參二 11）。在二章 8 至 9 節，耶穌受苦帶來的後果是人因此承認他的身分（二 8～9）。如此看來，受苦的教會不但不會阻礙福音，反而會興旺福音。因著耶穌也受過苦，忠心的信徒也必經歷苦難，這樣，世界的人就認出他們基督徒的身分。第二個隱喻是一道完美的橋梁，引入二章 8 至 10 節的討論：受苦的目標是要得到獎賞。

4.2.3.3 農夫（二 6）

第三個隱喻的內容比以上兩個更簡短。「*勤勞*」（*kopiōnta*）一詞的意思是「極度辛勞」，或工作到虛脫的程度。當提及農夫，就暗示教會好比一塊農田（參林前三 6～9）。虛脱可以導致一個人死亡；至少，在保羅的情況下，辛勞工作算是一種受苦。保羅或許用這隱喻來描繪一幅辛勞工作的圖畫：這位農夫最先來到田裏工作，也是最後一位離開的。但肯定的是，這位辛勞工作的農夫，會是首位得到自己農產品的人。他工作的成果是視乎他付出的勞力的。

圖示運動員手持的兩件重物。上圖為運動員練跑時手上持著的以石造成的加壓物。

保羅這收割農作物的隱喻與第二個隱喻的論點一致，都是配合 8 至 10 節的討論。那段落記述耶穌的受苦確實結出了果子來，同時也展示出他真正的身分和他來到的原因。當耶穌從死裏復活之時，他清楚展示出他是大衛的後裔（這一點稍後會再作討論）。若是這樣，他的王權和與之相關的國度，就是來自他的受苦，而這是不可避免的。受苦至終是會有成果的，就如農夫耕種有收成一樣。因此，要有成果，受苦是不可避免的。

農耕的隱喻令筆者記起，約 17 世紀時英國人在美國維珍尼亞州定居的情況。這些移居者嘗試到那裏淘金，但卻沒有得到任何成果。他們在地上鑽洞，尋找黃金。但當他們淘金之時，便無法同時兼顧耕種工作。他們沒有開墾土地耕種，反而天天尋找不能裹腹的東西，到頭來惟一知道要耕種的是原居民印第安人。最後，這些英國人使部分印第安人成為奴隸，幫助他們耕種，而他們同時也學習耕種的方法。即使如此，他們因為之前浪費了太多時間，很多英國移民開始沒有食物，他們將印第安人的屍首從墳墓中掘出來當食物吃——這些印第安人是因感染從歐洲而來的疫病（歐洲人有免疫能力）而死的。發生如此大的災難，是因為英國人記掛淘金，最終鑄成大錯。同樣，一個牧者若沒有調校好事情的優先次序，也會落入類似的災難中；他們的教會也必然會受苦，並且不會有任何收成。

4.2.4 提摩太要多思考（二 7～10）

談論完 3 個隱喻之後，保羅再從他個人的角度來陳述一些關於受苦的事。這部分可以分為兩個段落。首先，保羅以長輩身分提醒提摩太，要他考慮他所說的話（7 節）；接著他要求提摩太記起有關耶穌的福音，以及陳述自己為這福音曾經受過的苦難（8～10 節）。

4.2.4.1 提摩太要思考（二 7）

到這刻，保羅以一個在這些環境下身經百戰的老兵的身分，勸勉提摩太要「考慮」（*voei*；意思可以是「仔細思考／重新思考」）他所說的話，並讓提摩太知道主是會給他聰明的。保羅的勸勉反映了他不是建議提摩太只為得到聰明而祈禱，而是祈望上帝在提摩太思考的過程中，給予他聰明。每當論到個人的責任，保羅從不會繞過人的理性分析。提摩太要慎重思考的，不應只停留在工作上的任務，也要關注任務背後的動機。畢竟，忠心的人最後會得到獎賞。我們並不是説保羅只想忠心的人以獎賞為目標或動力，只是在這樣惡劣的環境下，對提摩太來説，今生的獎賞實在難以觸及，因此，將來的獎賞就是他的盼望。

4.2.2.2 提摩太要記念（二 8～10）

這詞在提摩太後書只出現 1 次，與一章 5 節的「記得」雖然用詞不同，但意義上是相同的（參 3.1.1.2「保羅記念提摩太傳承的信仰〔一 3 下～ 5〕」，頁 61～63）。

保羅提醒提摩太要「記得」（*mnēmoneue*；8 節）有關耶穌的事情。「**記得**」這動詞原文是以現在時態命令語氣表達，表示提摩太應該在心裏緊緊記著，不得忘記。當然，生活的挑戰會使他分心，令他忘記；但「復活」（*egēgermenon*）這動詞的原文是以完成時態被動語態分詞表達，而這完成時態表示耶穌的復活已成就，但仍有持續的影響力。他的「復活」足以證明他是大衛真正的和最後的後嗣。這詞的被動語態表示他不是自己復活，而是上帝使他復活；被動語態同時表示上帝證明了耶穌是義的，這有別於羅馬法庭的宣判：耶穌是有罪的。「耶穌基督，他是大衛的後裔，從死人中復活」這句話十分具顛覆性，保羅以大衛的後裔來形容耶穌，同時也形容他是被釘死的「基督」（即彌賽亞）。根據保羅，證明耶穌是真正的君王及救主的最大理據是：耶穌的復活。耶穌復活的傳統（甚至是類似的用語）也出現在保羅其他的書信（參羅一 3）。這方面的傳統，雖可見於保羅書信，但最多出現於福音書（馬太福音就是一個例子）。個相對較罕見的記載，對那些熟悉保羅慣常寫作風格的人來説，是一件十分困擾的事。韋特寧頓有一個聰明的主張，他在此評論保羅提及「大衛的後裔」——訴諸提摩太的猶太教背景——是一種修辭技巧；但是，他提及「基督」這稱號是以事後的想法來連接於復活這一點上，就顯得有點混亂。

將「大衛的後裔」連至「基督」的復活，是一個重要的神學主旨。須留意的是8節「耶穌基督，他是大衛的後裔，從死人中復活」(*Iēsoun Christon egēgermenon ek nekrōn, ek spermatos Dauid*)原文可譯為「耶穌基督——他從死人中復活，是大衛的後裔」(參「新漢語譯本」)。經文是先提及「從死人中復活」，然後才是「大衛的後裔」。很多學者都十分著意去處理這事。我們不需要作結論説，是保羅把次序弄錯了。事實上，保羅可能想表達的是，基督的復活證明了一件事實，那就是耶穌是大衛的後裔，他有王者的身分，所以耶穌成為肉身這宣稱是真確的。同樣地，若沒有復活，耶穌作為大衛的後裔這宣稱，也是沒有意義的。

死亡、復活和大衛的後裔這等觀念，怎樣成為提摩太為福音受苦的幫助並使他剛強起來呢？最簡單的答案是，基督的得勝證明了他得勝的身分，而這與提摩太和保羅得勝的身分平行。當提摩太與保羅一同受苦之時，就證明了他們是精兵、運動員和農夫，如此，就配得成為基督國度的領袖。這樣看來，保羅想要表達的是，當提摩太「記得」8節信條式的宣稱，便會產生勇氣。為免提摩太逃避責任，保羅十分肯定地指出，他自己的理念是建基於所信的福音的。或許，我們可以很容易平白地指保羅的福音是與一位受苦、復活和大衛家的彌賽亞有關，但這樣的詮釋是不足夠的。保羅的福音無疑包括了上述的傳統元素，但單憑這簡單的講法，會令人產生負面的感覺，這福音必然會催使歸信者受苦。我們要留心，這種信條式的聲明是有其歷史、神學與文學處境的，而不應抽空來研讀。這經文連接至9節，為要證明保羅當時受的苦是與彌賽亞受苦的福音有密切關係的。

在9節，保羅繼續他的聲明，並給予足夠的理據叫提摩太去記念這個福音的本質。保羅並不羞於以社會認為羞恥的詞彙來形容自己。他形容自己「像犯人一樣被捆綁」(*desmōn hōs kakourgos*;原文的次序是「被捆綁,像犯人一樣」)。在希羅社會裏,最美好的事就是擁有公民身分,其次是擁有自由。希臘人尤其重視自由。凡曾經像犯人一樣被捆綁的人,都會被社會排斥,他們甚至會被標籤為與帝國為敵。保羅的受苦可以與基督的受苦平行來看,在於基督也曾以「敵對國家」的身分被釘死、被嘲諷,並被譴責——因他自稱為猶太人的王。保羅在 8 節引述「大衛的後裔」的信條之時,是帶著諷刺的意味。這些短語背後的敘事與保羅的經歷十分一致。保羅把自己的受苦與基督的受苦一併作討論,但他不是就著救贖或贖罪的果效這層面,而是就著他與基督為相同的原因受苦(即為福音的緣故)這層面說的。回顧他自己被捕一事,保羅留意到上帝的話語並沒有「被捆綁」,仍是自由的(9 節)。告魯雅留意到雖然保羅被囚,但他對福音的自由滿有信心,這與保羅相信福音滿有能力有關(羅一 16)。告魯雅大體上是對的,但根據這書信的處境和保羅所用的修辭技巧,9 節的詮釋可能很簡單:即使保羅正身處監獄,提摩太和很多保羅的同工都有自由去傳揚福音。保羅「被捆綁」和福音發揚光大的對比展示了人類的限制和上帝的主權。「被捆綁」(*dedetai*)是過去時態,表示了保羅在過去被囚之時,並沒有影響到上帝的話語的自由,而且直至現在也是如此。這個修辭用法也證明了保羅對福音堅信不移,以致他願意為了福音凡事忍耐(10 節)。這同樣也反映了保羅對他同工的信心——即使他有限制,他的同工也不會因此軟弱下來,反倒在危機當中,堅守對上帝的忠貞。

10 節以「所以」(*dia touto*)作開始,並不足以為奇。10 節與上文的關係對理解保羅給提摩太的信息十分重要。這裏的「所以」指向 8 至 9 節。基於這段經文列出的所有事件(即基督受苦、保羅受苦、不受捆綁的福音），保羅這刻藉著「忍耐」所面對的逼迫，把自己的生命押注在福音之上。「忍耐」這整個概念在希臘文裏的意思是，承受著一切推使受苦者偏離上帝為其預備的理想道路的東西。保羅論到他受苦是為了「選民」（即蒙揀選的人）。這些「選民」在耶穌裏得了救恩。「在耶穌裏的救恩」連於一章10節的基督的身分，是十分重要的。按上文的解釋，基督的救主身分與給予人快樂的生活無關。他作為救主，是為了呼召個別成員進入一個有別於這個世界的永恆國度。因此，反而需要問的是：「這個救恩是拯救蒙揀選的人脫離甚麼事情呢？」若從神學角度看，答案必然是拯救人類脫離這個快將過去的世代。這個世代將遭到毀滅，那是一個很可怕的景象，這與保羅的言論十分配合，因為他將這個世代連接至將來那「永遠的榮耀」（*doxēs aiōniou*；10節）。基督的復活無疑把將來一個新的救恩世代，帶進了現今的邪惡世代裏。若是如此，「選民」的歸信與他這一刻的狀況又有甚麼關係呢？

保羅雖然勸勉提摩太「記得」有關救恩的事，但他確實也在回顧自己的事奉。他被召往外邦人那裏宣教（參加二8），這當然會引來許多激烈的反對聲音，保羅也奮力與他們抗衡。雖然他沒有説明這「選民」同時包括外邦人，但已暗示了他們也是蒙揀選的。在他所招募的同工可見，保羅無疑已説服許多猶太人相信一件事，就是外邦人歸信是有價值的，否則這些猶太人也不會與他同工。因此，「選民」必定包括了外邦人及猶太人，而這些猶太人曾經不認同向外邦人宣揚彌賽亞式信仰的重要性的。他的事奉很可能令他在反對者中間「聲名遠播」。這些反對的羣體包括彌賽亞式猶太教羣體，以及某些非彌賽亞式猶太教羣體。身為一個受注視的人物，被捕是在所難免的，因為許多人為了終止他們看為可惡的事，而會對他作出不同的指控。

4.3 以信條作受苦的基礎（二 11～13）

11 至 13 節是以詩歌體裁來表達的。根據耶穌是大衛的後裔這信條宣言，保羅絕對有可能從當時的詩歌裏抽取這部分放在這段經文中。11 節「這話是可信的」（*pistos ho logos*；可直譯為「可信的話」）表示接著的一段內容是保羅想向提摩太傳遞的信息，或是需要提醒提摩太去教導的東西（三 1）。無論如何，11 至 13 節以基督論填滿了這個段落。保羅以詩歌形式表達的資料帶出 4 個條件句。從文法上看，它的時態表達如下：

- 「我們若與基督同死」（過去不定時時態），「也必與他同活」（未來時態）；
- 「我們若忍耐到底」（現在時態），「也必和他一同作王」（未來時態）；
- 「我們若不認他」（未來時態），「他也必不認我們」（未來時態）；
- 「我們縱然失信」（現在時態），「他仍是可信的」（現在時態），「因為他不能否認自己」（現在時態）。

4.3.1 保羅引用信條作隱喻？

打從第一句「我們若與基督同死」（11 節）開始，便發現保羅正在討論有關「同死」的事情。我們很容易把這段經文看為保羅所借用的一個隱喻，而且是一件過去已經發生的事。馬歇爾把「同死」（*sunapethanomen*）這過去不定時時態理解為過去時態。若是這樣，這裏的死極可能是水禮其中一個象徵意義了（參羅六 8），因為 11 至 13 節其實是一首施行水禮時頌唱的詩歌，詩歌首兩句與保羅在羅馬書六章與水禮相關的教導十分相似。這樣的詮釋有其好處，因它將 11 至

13節看為代表著信徒生命的不同階段。因著過去在水禮中死去(11節),帶來了現在的選擇(12節),並且將來的盼望(11節上、12節下)。這說法或許是對的,但也有其弊處,因他對信徒生命的經歷的處理過於概括,這與提摩太或保羅的處境不配合,也不配合保羅勸勉提摩太要在這處境中與他一同受苦的教導。這樣概括地處理歷史處境,理應受到詮釋者的質疑。

在保羅的歷史處境裏,我們並不需要把死亡理解為隱喻。當然,水禮的象徵意味有真實的影響力。不過,假如一位初信者受到世界的逼迫,他很可能就此離開信仰,不會那麼容易為此而死;但提摩太面對的可能是真真正正的「死亡」,他不像很多現代的聖經詮釋者般活在一個自由的世界裏。對於今天許多生活在自由世界裏的人來說,是無法想像提摩太所面對著的「死亡」,是類似殉道的事情,而生命受威脅確實是提摩太和保羅所面對著的。因此,「*與基督同死*」這個過去不定時時態所表示的死亡一事——對保羅或提摩太來說——可能就是殉道。

4.3.2 保羅使用這信條的目的

這段詩歌整體而言是向前看的。根據這裏所使用的文法,它整體的論據如下:對任何想在事奉上全力以赴的人來說——包括了提摩太——生命受著威脅是真實的;但是,即使因此失去生命,信徒仍有將來的生命。然而信徒在水禮裏已認同了耶穌的死和復活,就需要繼續行在正確的路上,這從「*忍耐*」(*hupomenomen*)這現在時態的動詞可見一斑。假如提摩太仍未死去,他就要繼續「*忍耐*」,終有一天他要與基督一同作王。然而,信徒若未能忍耐,不承認耶穌為主,耶穌將來也不會承認他。這樣的傳統直接來自馬太福音十章33節和路加福音十二章 9 節的耶穌傳統。要理解這段經文的準確意思，關鍵在於詮釋者把經文理解為是一個應許，還是帶威脅性的提醒。其關鍵在於詮釋者怎樣理解保羅當時作教導的處境。當時保羅處於有人已離棄他的處境下，而他就以他的修辭技巧來作出勸勉與提醒。這是真實的。當解釋這段經文之時，詮釋者不應根據個人對某個教義的立場而決定如何解釋經文。可惜的是，很多詮釋者十分明顯地在加爾文主義（Calvinism）或亞米紐斯主義（Arminianism）的張力之間選擇了某個立場。

一些加爾文主義者主張信徒即使不忠於上帝，但那都是暫時的；從長遠角度看，基督總能夠保守著那個信徒。某些加爾文主義者將 13 節「我們縱然失信，他仍是可信的，因為他不能否認自己」看為是緩和 12 節下「我們若不認他，他也必不認我們」這帶威脅語氣的句子。這樣的說法淡化了保羅所運用的修辭技巧。他們有如此的想法，可能是為了捍衛古典加爾文主義所提及的聖徒堅忍的教義而已。施賴納進一步指出，從神學角度看，上帝一直堅守著要將祂救贖的應許賜予祂的子民。❻ 一般而言，這是對的，只是保羅應不會在提摩太的歷史處境中採用這種修辭策略。試想像假如保羅說：「由於上帝最終是信實的，因此，提摩太，你想做甚麼就做甚麼吧！因為無論你做甚麼，最終都不會影響你的將來。」這樣的修辭表達又怎能幫助提摩太勒緊腰帶，在困難之時繼續在教會裏擔崗領導的工作呢？保羅所用的修辭表達實在是十分沉重的。保羅很可能是要給予提摩太帶威脅性的提醒，而不是溫和地以應許來鼓勵他。事實上，來自耶穌的這個帶沉重意義的傳統（太十 33；路十二 9），於初代教會時期那些在信仰上搖擺不定的人來說，確實是威脅性的提醒。可是，現時縱然有人不忠（甚至耶穌也不能否定那人的不忠），都無法影響耶穌的信實，因為他的本質是信實的。提摩太要在這段困難的日子靠著基督的信實而活。即使提摩太不忠，上帝也能確保祂的信息是可信的(參二19)。這就是上帝的保證。

為了明白在加爾文主義與亞米紐斯主義的張力以外的信條宣言，我們必須把經文重新放置於1世紀的處境裏。比爾(Gregory K. Beale)指出這個信條公式包括了復活。❼ 復活是一個得勝的宣言，要向羅馬人宣告：把耶穌釘在十字架上是有罪的。假如羅馬人為了阻止「罪犯」耶穌而把他釘死在十字架上，那麼，他們就是宣稱反對從耶穌而來的義；那麼，復活就把他們的意圖逆轉了。假如死亡無法阻止耶穌，那不完全的帝國體系同樣也無法這樣做。這種情況當然亦指向提摩太面對帝國體系之時所產生的掙扎——這體系把保羅囚禁在監獄裏，而最終要把他處死。

4.4 總結

讓我們簡單總結保羅3個關於受苦的隱喻：提摩太將要面對的苦難就好像當兵、參加運動比賽和耕種。保羅尤其提及這個給提摩太的徹底的呼召的3方面。第一，為福音受苦的目的是為了討上帝的喜悅。第二，受苦的方式會因著不同的處境而有所不同，正如提摩太的受苦方式未必與我們的相同。第三，受苦並不是徒然的，因為之後必會有收穫。保羅以這樣的方式討論受苦的主、受苦的本質和受苦的獎賞，給予提摩太足夠的理由去忍耐，而沒有藉口避免受苦。保羅亦借勞力的農夫的例子，讓提摩太知道忍耐和生活的方式十分重要。一心要討那位受苦的主喜悅，提摩太必會因他所經受的得到獎賞和收穫。

保羅引述這首「基督詩歌」，的確別有味道，這段引文展示出初期基督教對於他們的敬拜內容是何等認真。事實上，這首詩歌的重要性不只來自基督論，也來自把這首詩歌連於保羅的受苦倫理。換言之，敬拜應該承載著神學，繼而得出倫理教導。保羅有可能使用了傳統的詩歌，這說明了很多傳統的元素是可以藉重新處境化而給放進新的處境裏的。最主要的信息是主的僕人永遠不會高過主人。僕人會與主一樣有相同的命運，這是正常的，而事實上保羅認為正是這樣。

信仰反省

研讀保羅那些生動的隱喻，我留意到作信徒——尤其是今日和未來的教會領袖——是要付代價的。精兵、好的運動員，以及辛勤的農夫，都要把焦點放在他們工作的誠信和內容上，其中不容許有任何欺騙、偷閒或懶惰。筆者在高中時曾參加過全州性的田徑比賽，也在 30 多歲時參加過精英級的舉重比賽，可以見證這一點：若要贏取獎牌，就必須付上代價，別無他法。運動員必須通過重重的淘汰賽的考驗，才能展示出他是有能力晉級的。筆者尤記得在炎夏裏與隊員一同練習短跑、控制飲食、在健身室練舉重，這一切都只為了增強自己的爆炸力。為了讓身體好好的休息，筆者要確保每日有超過 8 小時的睡眠，並吃足夠的蛋白質好修復肌肉。為了參加一年裏只有一兩個月的重要比賽，這樣的訓練需要維持一年之久。今天有許多領袖（包括神學生和在教會裏帶領查經的領袖）把他們的職事當作嗜好，只輕輕鬆鬆地騰出餘暇的時間來事奉。他們的無知在事奉上表露無遺，而且他們也往往缺乏對聖經的認識。這樣會使他們在誠信和所傳的信息上跌倒。換言之，保羅並不只是鼓勵提摩太去增加一些信仰知識或獲取教導的資格，而是要求提摩太專心一意地裝備自己，以致他的誠信和所傳遞的信息不會令信仰向世俗妥協。保羅寫這封書信的目的無疑是為了對抗異端，但從相反的邏輯來看，馬虎、心散的領袖不只無法對抗異端，他本身也有可能成為異端。

保羅的信息與今天的情況是相關的。

保羅在這段落裏繼續討論危機處理的問題，其高潮是在將洗禮詩歌處境化。為了產生恰當的修辭效果，使用正確的隱喻十分重要，而正確的態度也同樣重要。保羅要求提摩太好好思想在主耶穌面前領受的智慧。究竟保羅要求提摩太思想甚麼呢？他要提摩太思想的，是他與保羅和與基督所共有的受苦的身分。集體地傳承受苦的耶穌這身分，是保羅強烈的修辭表達的核心。在一個集體的文化裏，提摩太和所有跟隨他的人都應該符合保羅所主張的，要以基督為中心和被釘十字架的文化所主導。這個看似是猶太教其中一個宗派，這宗派拒絕尼祿當下的殖民主義和反基督文化。假如認為這個猶太化的理解看似不合理，只需要看看 8 節「耶穌基督，他是大衛的後裔，從死人中復活；這就是我所傳的福音」，就能證明筆者的說法。耶穌是「大衛的後裔」，表明了保羅牢牢地以猶太人的王這傳統作為他福音的基礎，以此反對當下的王。這信條宣言也應該可以理解為是完全反對殖民主義的。保羅的福音的本質是顛覆常理的。因此，保羅要求提摩太加入對抗帝國的行列，而這帝國因反對基督而逼迫信徒。這樣理解保羅是十分合理的。凡熟悉保羅所引述的「可信的話」的保羅羣體，會聽到保羅在 11 至 13 節所引述的詩歌的意義。與其唱著支持帝國的歌曲和表示愛國，他們頌唱著永恆的詩歌，讚美耶穌把永恆的盼望帶進這個新的羣體裏。

保羅挑戰提摩太的言論中，有強烈的反帝國修辭表達。詮釋家指出，上述的隱喻是在描述辛勤工作的美德和獎賞，這在羅馬的道德哲學著作中是常見的。然而，讀者並沒有發現當中是喻指帝國的影響力。那麼，我們在此必須問：為甚麼這些隱喻經常被用來描述人的美德呢？這是因為對羅馬人來說，軍隊、運動比賽和農耕是他們擴張版圖的支柱。這些事代表著羅馬的一切。透過精銳的軍隊，他們有目標地作侵略；透過運動比賽，他們不只發展娛樂，也訓練出一批批準備作戰的人才——這些比賽的原初目的，是要訓練精英，叫他們預備作戰，而這些比賽也會使帝國和它的統治者受到尊崇。透過農耕，羅馬人成為管理土地的專家。保羅借用這些隱喻，為了呈現另一個事實。為要逃避當前暫時的危險，提摩太大可以選擇保命，否認自己與保羅的關係。但是，他能忍受長期的羞辱嗎？保羅繼而要提摩太從上帝的角度看這個事實：受苦是現世的，但卻有永恆的榮耀。提摩太要展示出一個得勝的羅馬英雄的特徵，並以此為主工作。羅馬標誌著的一切，最終必會倒下。這對我們今日是一個嚴厲的提醒。我們很容易為了暫時的好處而輕易放棄信仰。願眾信徒都更有遠大的眼光！

釋經短註

❶ 貝恩（Katherine Bain）稱「一家之父」這個體系為“*kyriarchy*”（即「主人式的管治」），由富有（或貴族）的男性掌權。她的看法是正確的。有關她的論點，可參 Katherine Bain, “Socioeconomic Status in Early Christianity and Thecla's Rejection of Marriage,” *Journal of Feminist Studies in Religion* 27 (2011): 58～60。

❷ 對於家庭在社會的法定地位，方民（Mark Forman）的研究指出，家庭本身毫無疑問是個高度政治化的架構和實體。有關繼承權的政治，可參 Mark Forman, *The Politics of Inheritance in Romans* (Cambridge: Cambridge University Press, 2011), 20～57。

❸ 有關近代羅馬社會經濟研究資料，可參 Walter Scheidel & Steven J. Friesen, “The Size of the Economy and the Distribution of Income in the Roman Empire,” *Journal of Roman Studies* 99 (2009): 61～91。

❹ 有關施賴納（Thomas R. Schreiner）對繼承權的觀點，可參 Thomas R. Schreiner, *Paul, Apostle of God's Glory in Christ: A Pauline Theology* (Downers Grove, IL: IVP, 2001), 388。

❺ 斯韋寧（Judith Swaddling）有更多這些運動規則的簡述，可參 Judith Swaddling, *The Ancient Olympic Games* (Austin, TX: University of Texas Press, 1994), 41～73。

❻ 施賴納及唐納（Philip H. Towner）想從提摩太後書找出所有關於上帝性情的「真正」詮釋，包括：吸引罪人到祂那裏來（一 12～16）、為受試探的人開一條出路、上帝持續地赦免悔罪的人。雖然這些都是上帝的性情，但在提摩太的處境上，保羅並沒有在修辭上借用這些觀念。他們的討論可參 Schreiner, *Paul, Apostle of God's Glory in Christ*, 273, 292；Philip H. Towner, *The Letters to Timothy and Titus* (Grand Rapids, MI: Eerdmans, 2006), 513～514。

❼ 有關比爾（Gregory K. Beale）對 11 至 13 節的信條的解釋，可參 Gregory K. Beale, *A New Testament Biblical Theology* (Grand Rapids, MI: Baker, 2011), 290～291。

溫習及思考問題

1. 保羅所列出的負面及正面例子是哪兩個？為何保羅要將負面例子同時列出來？在亞細亞確實所有人都離開了保羅嗎？若然不是，為何保羅有如此的陳述？他主要的目的何在？
2. 傳統認為提摩太是懦弱的人，這看法正確嗎？提摩太當時正面對著甚麼處境？假如你是提摩太，你會怎樣做？
3. 希羅家庭的概念是怎樣的？與現代人的家庭有何不同？保羅如何讚揚阿尼色弗一家的事奉？這個家庭的事奉如何成為保羅的支持？
4. 當兵、運動員及農夫的隱喻背後帶著甚麼教訓？為甚麼這些隱喻在羅馬道德哲學家中也十分常見呢？比較保羅的用法，與此有何分別？
5. 保羅所理解的受苦，如何與耶穌的福音連上關係？
6. 作為領袖的保羅現時因為福音而受捆綁——他當時仍在獄中，但他卻認為福音不會因此而不能被傳開。為甚麼保羅這樣說？
7. 從保羅借用洗禮信條作解釋，反映了保羅關注領袖的哪方面事情？這些關注怎能確保教會能夠存留下去？

第五章

忠心的傳承

（二14～三17）

- 當提醒信徒停止爭辯
- 作教導者應有的態度
- 以保羅為榜樣

經文

2 [14]你要向眾人提醒這些事，在上帝面前囑咐他們不可在言詞上爭
辯；這是沒有益處的，只能傷害聽的人。[15]你當竭力在上帝面前作
一個經得起考驗、無愧的工人，按著正意講解真理的話。[16]要遠避世俗
的空談，因為這等空談會使人進到更不敬虔的地步。[17]他們的話如同毒
瘡越爛越大；其中有許米乃和腓理徒，[18]他們偏離了真理，説復活的事
已過去，敗壞了好些人的信心。[19]然而，上帝堅固的根基屹立不移；上
面有這印記説：「主認得他自己的人」，又説：「凡稱呼主名的人總要離
開不義。」[20]大户人家不但有金器銀器，也有木器瓦器；有作為貴重之
用的，有作為卑賤之用的。[21]人若自潔，脱離卑賤的事，必成為貴重的
器皿，成為聖潔，合乎主用，預備行各樣的善事。[22]你要逃避年輕人的
私慾，同那以純潔的心求告主的人追求公義、信實、仁愛、和平。[23]但
要棄絕那愚拙無知的辯論，因為你知道這等事只會引起爭辯。[24]主的僕
人不可爭辯，只要溫和待人，善於教導，恆心忍耐，[25]用溫柔勸導反對
的人。也許上帝會給他們悔改的心能明白真理，[26]讓他們這些已被魔鬼
擄去順從他詭計的人能醒悟過來，脱離他的羅網。

3 [1]你該知道，末世必有艱難的日子來到。[2]那時人會專愛自己，貪
愛錢財，自誇，狂傲，毀謗，違背父母，忘恩負義，心不聖潔，
[3]沒有親情，抗拒和解，好説讒言，不能節制，性情凶暴，不愛良善，
[4]出賣朋友，任意妄為，自高自大，愛好宴樂，不愛上帝，[5]有敬虔的
外貌，卻背棄了敬虔的實質，這等人你要避開。[6]他們當中有人潛入
別人家裏，操縱無知的婦女；這些婦女被罪惡壓制，被各樣的私慾引
誘，[7]雖然常常學習，終久無法達到明白真理的地步。[8]從前雅尼和佯
庇怎樣反對摩西，這等人也怎樣抵擋真理；他們的心地敗壞，信仰經
不起考驗。[9]然而，他們沒有進步，因為他們的愚昧必在眾人面前顯露
出來，像那兩人一樣。[10]但你已經追隨了我的教導、行為、志向、信
心、寬容、愛心、忍耐，[11]以及我在安提阿、以哥念、路司得所遭遇的

迫害和苦難。我忍受了何等的迫害！但從這一切苦難中，主都把我救
了出來。[12] 其實，凡立志在基督耶穌裏敬虔度日的，也都將受迫害。
[13] 只是作惡的和騙人的將變本加厲，迷惑人也被人迷惑。[14] 至於你，你
要持守所學習的和所確信的，因為你知道是跟誰學的，[15] 並且知道你從
小明白聖經，這聖經能使你因在基督耶穌裏的信有得救的智慧。[16] 聖經
都是上帝所默示的，於教訓、督責、使人歸正、教導人學義都是有益
的，[17] 叫屬上帝的人得以完全，預備行各樣的善事。

保羅在這段落中關注的是甚麼事呢？答案很簡單：教導提摩太如何擔負教導的工作。保羅的思路十分清晰，他以一連串命令語氣的動詞作為修辭技巧，來表達他的信息：

- 「要……提醒」（*hupomimnēske*；二 14）；
- 「當竭力」（*spoudason*；二 15）；
- 「要遠避」（*periistaso*；二 16）；
- 「要逃避」（*pheuge*；二 22）；
- 「要……追求」（*diōke*；二 22）；
- 「要……棄絕」（*paraitou*；二 23）；
- 「持守」（*mene*；三 14）。

保羅在此要勸勉提摩太 3 件事：第一，吩咐提摩太要提醒信徒停止爭辯（二 14）；第二，藉比喻提醒提摩太作教導者應有的態度（二 15～26）；第三，勸勉提摩太以保羅自己為榜樣（三 1～17）。

5.1 當提醒信徒停止爭辯（二 14）

一章 5 節「記得」（hupomnēsin）這名詞原文與二章 14 節「要……提醒」這動詞原文是同一字根。

第一個帶命令語氣的動詞是 14 節上的「要……**提醒**」（*hupomimnēske*；可直譯為「使……回想」）。保羅在此再次使用類似「想念／記得」的這些詞（參 3.1.1.2「保羅記念提摩太傳承的信仰〔一 3 下～ 5〕」，頁 61 ～ 63）。「要……提醒」以現在時態表達，表示人會不斷忘記，而提摩太應該不斷「提醒」他們。提摩太要作「提醒」，表示人很早以前已忘記了甚麼是重要的事情，然後他們走錯了方向。由此可見，提摩太並不是要教導一些他們不知道的事情，而是要「提醒」他們記起早已知道的事情。換言之，提摩太要留意他的羊羣究竟失去了甚麼，而且不要害怕告訴他們：「留心！你忘記了一些甚麼！」保羅要求提摩太「要向眾人提醒這些事」。究竟「這些事」（*tauta*）是指甚麼事呢？有學者為著保羅究竟是指此書上文所討論的事，抑或是指接下來要討論的事，而爭議不休。筆者則認為我們無法斷定「這些事」所指何事，因為這短句可以用來指之前的討論，同樣也可以指接著的討論。

「爭辯」原文是一個複合詞，由 logos（意即「話語」）及 machomai（意即「爭吵」）組成。這詞帶負面意思。

接著是討論「**爭辯**」（*logomachein*）這動詞。這詞的原文在新約書卷只在這裏出現。保羅要求提摩太「在上帝面前囑咐他們」。雖然「囑咐」（*diamarturomenos*）是以分詞而不是以命令語氣表達，但保羅用「囑咐」這詞彙，再加上「在上帝面前」（*enōpion tou theou*）這短語，已足以表達保羅的心意，就是要求提摩太要鄭重處理「爭辯」這事。保羅如此的修辭技巧已達爐火純青的地步。保羅過往從不避諱一些因教會出現嚴重問題而引起的強烈爭辯，這裏所指的是「言詞上的爭辯」，肯定是一種言語上的嚴重爭拗。在此需要問的是，他實際上關注的是甚麼「爭辯」？我們可以從兩個角度判斷他所關注的是甚麼事：

- 保羅關注的是基礎信條（11～13節）。「爭辯」肯定與11至13節所談論的洗禮信條所顯示的信仰基礎，形成了鮮明的對比。保羅要求提摩太為教會訂立一簡單易記、但同時也是他們信仰核心的內容，目的是免去他們的「爭辯」。這核心內容，是絕不容隨意「爭辯」的。
- 保羅關注的是「遠避世俗的空談」（16節）。它帶來很嚴重的結果（16～17節），因此保羅建議要避免「爭辯」。這一點將會於下文作詳細討論。

在14節下「這是沒有益處的，只能傷害聽的人」，保羅使用「沒有益處」（*ouden chrēsimon*）這名詞短語及「傷害」（*katastrophē*）這名詞來指出「爭辯」帶來的結果。這兩個負面的描述是一種修辭表達，將「爭辯」引致的嚴重後果說明出來，也說明教會當時嚴峻的情況。提摩太正面對一個危機，就是有人利用停不了的「爭辯」來敗壞信徒。或許提摩太這樣提醒聽眾，可能會使他們感到不悅，但這樣做總比敗壞他們好。

5.2 作教導者應有的態度（二15～26）

在保羅告訴提摩太要「提醒」教會已忘記的事之後，他繼而吩咐提摩太要活出一個教會可以效法的生命。保羅關心的是提摩太教導的內容和他的生活方式。這段落可分為5部分作討論：第一，提摩太要竭力建立教導的職事（15節）；第二，提摩太要避免那些引致異端的事情（16～18節）；第三，提摩太的教導要經得起考驗（二19）；提摩太要成為貴重的器皿（20～21節）；第五，提摩太要成為別人的榜樣（22～26節）。讓我們從保羅的吩咐，去理解保羅如何看提摩太當時正面對的真正問題。

分段大綱（二15～26）

一、提摩太要竭力建立教導的職事（二15）

二、提摩太要避免引致異端的事情（二16～18）

　1. 提摩太要避免世俗的空談（二16）

　2. 以比喻再作解釋（二17～18）

三、提摩太的教導要經得起考驗（二19）

5.2.1 提摩太要竭力建立教導的職事（二 15）

這節經文出現了一個帶命令語氣的動詞「當竭力」（*spoudason*；意思是盡最大的努力去幹），它是以過去不定時時態表達，這樣的時態將保羅說話的迫切性表現出來。相對於「爭辯」，提摩太應竭力建立美好的教導職事。

在「當竭力」之後，保羅加上一個代名詞「你自己」（*seauton*；「和修版」沒有將這代名詞譯出來），這不但為要強調「竭力」，也表示他個人是有責任去「竭力」做事。提摩太所要「竭力」的事，就是要「在上帝面前作一個經得起考驗」的人。保羅在此再次提及「在上帝面前」（*tō theō*；參 14 節），而「經得起考驗」（*dokimon*）原文的意思是指「通過測試」（「和合本」譯作「得蒙喜悅」）。保羅的意思是，提摩太要成為一個能夠「在上帝面前」通過測試的人。馬歇爾認為，那是指以提摩太所宣講的信息內容來測試他是否達標，筆者認為他的看法是正確的。然而，就著書信的背景，那極可能同時是指以提摩太如何面對危機來測試他是否達標。根據 15 節上，他的工作是「在上帝面前」，因此他所作的只為可以面對上帝。保羅的提醒明顯是指向問題的核心：提摩太所作的一切最終並不是為了取悅保羅或他服事的人，而是為了討上帝的喜悅（參「和合本」的譯法）。所謂通過測試，要包括的是甚麼事呢？保羅提出兩個符合這個要求的特質：

- 工人要不以所作的為恥（參一 8）。假如提摩太感到羞恥，那麼上帝就會以他為恥（二 12）；
- 工人要「按著正意講解真理的話」（二 15）。而這「話」包括的，似乎是舊約聖經和耶穌的傳統。

15 節的內容帶點寓意，但卻不易於解釋這寓意所指涉的事情。它可以指涉「無愧」，但亦可以指涉一章 8 節的「為恥」。「講解」（*orthotomounta*；原文可譯作「分解」）的原文是一個建築用語，指修路或開闢一條筆直的道路，把旅客帶到目的地。保羅以這用語來比喻提摩太「講解真理的話」的態度。若將這動詞連接至前一個短語「無愧的工人」（*ergatēn anepaischunton*；原文可譯作「沒有帶羞恥的工人」），15 節的意思就是指：若沒有清晰的真理（或許是指若有煽動者的虛謊），工人——提摩太——反而會感到極大的羞恥，他的煽動者就會趁機作另些教導來混淆受眾的思想（參二 18）。韋特寧頓認為提摩太當時正面對著的危機，就是教會的煽動者正在暗地裏作另些教導。但是，若將 15 節出現的短語全都連接至一章 8 節，那就較為合理了。假如提摩太為福音或「為主被囚」而感到羞恥，他就無法正確地「講解真理的話」，這確實會使自己感到羞恥。若是如此，我們就能夠從提摩太如何處理「講解真理的話」而看見他當時面對著的真正問題是甚麼。保羅並不是顧慮提摩太不知道「真理的話」的內容，而是擔心他沒有勇氣及不是感到尊榮地直接將話語的重點說明。換言之，當提摩太以話語為恥之時，他就永不能將「真理」的重心說出來，因為他害怕得罪他的受眾。所以，問題並不在於提摩太知道多少，而有於他處於從社會而來和從上帝而來的尊榮的張力之中。社會賦予的尊榮及上帝賦予的尊榮，是彼此對立的。

5.2.2 提摩太要避免引致異端的事情（二16～18）

5.2.2.1 提摩太要避免世俗的空談（二16）

提摩太要避免那些會引致異端的事情。這裏的命令語氣「要遠避」（*periistaso*）是以現在時態表達，表示保羅關注的是提摩太要小心避免某些事情。究竟提摩太「要遠避」甚麼呢？保羅稱之為「世俗的空談」（意思是不敬虔的廢話）。這違背了保羅理想中的敬虔（參三12），可卻是煽動者正在做的事情。馬歇爾認為保羅並不想提摩太與那些煽動者「爭辯」，免得與他們一般見識。他的看法可能誇張了一點。保羅自己在很多情況下也曾經與假教師展開激烈的「爭辯」。因此，當保羅說「要遠避」，並不是勸誡提摩太不去與煽動者「爭辯」。保羅書信對應否「爭辯」從來沒有一致的說法，這全在乎當時處境是否有此需要。保羅真正的意思只是想告訴提摩太要謹慎行事，行為不可以與煽動者相同。保羅清楚指出提摩太「要遠避」的是「世俗的空談」，這些事會使人走向不敬虔。當一個信徒開始不敬虔，就會墮入惡性循環裏，變得愈來愈不敬虔。

5.2.2.2 以比喻再作解釋（二17～18）

保羅認為「進到更不敬虔的地步」可以變成一種病態。他以身體生毒瘡這隱喻說明此事。這隱喻所指的，並不是個人的傷害（雖然個人必定會因此而受到傷害），而是整體的傷害。雖然毒瘡只生在身體某個部位，但卻影響著整個「身體」的健康。這可比喻一小撮人的不敬虔至終會禍害整個教會。用完隱喻之後，保羅點名——許米乃和腓理徒——指出事情確實存在著。許米乃可能就是提摩太前書一章20節提及的那個人。保羅之所以提及他的名字，很可能是因為他一直都損害著教會，甚至當保羅寫提摩太後書之時仍未停止；保羅亦有可能是借用許米乃過去給教會帶來的損害，來喻指教會當下面對著的危機。或許教會依然在處理著他造成的混亂。至於腓理徒，他只出現於提摩太後書，且只有 1 次。保羅沒有交代關於他的任何背景，他可能與許米乃是同一黨，亦可能是屬於另一黨。即使如此，有兩點是可以確定的：第一，提摩太（甚至教會內的受眾）可能認識這人，所以保羅不再贅言；第二，即使他不與許米乃同黨，他的行徑與許米乃相同，都是對抗提摩太及混淆「真理的話」的。保羅形容這些人為「偏離了真道」（18 節）。我們可以假設 18 節的「真道」就是 15 節提摩太需要緊守的「真理的話」。根據保羅的意思，這些煽動者所教導的核心內容，其實就是宣告「復活的事已過去」。他們的言論動搖了部分信徒對上帝的信心。

5.2.3 提摩太的教導要經得起考驗（二 19）

19 節以「然而」（*mentoi*）這詞開始，表示無論提摩太或他的受眾面對的前景如何暗淡，保羅卻透過這詞說明盼望仍然存在。「然而」是一個安慰的詞，與上述暗淡的情況形成了鮮明的對比。這個對比怎樣顯出保羅要帶來的安慰呢？保羅以一座建築物作為隱喻，帶出這信息。「堅固的根基」（*stereos themelios*；19 節）比喻上帝的計劃。奈特指出，上帝是這座建築物的主人，這「根基」就是屬祂的。❶ 因此，凡對建築物作任何攻擊，就等於直接攻擊它的主人——上帝自己。除了根基，保羅亦提及「印記」。在古代的銘刻中，「印記」（*sphragida*）是刻在基石上的。若基石再加上印記，就證明了這基石的功用是實在的。以建築物作隱喻，似乎是說明 15 節「真理的話」及 18 節「真道」，是提摩太要緊守的；但是，不能忽略的是，19 節下似乎是在討論上帝的救恩計劃。韋特寧頓認為這個隱喻可喻作上帝的子民。到底哪一個解釋較合宜呢?解答這問題之前，在此先討論引文的出處。

- 第一段引文「主認得他自己的人」來自「七十士譯本」民數記十六章5節。經文的上下文正描述可拉黨的背叛事件(參民十六章)，而至終這一族遭受死亡刑罰。從經文背景看，這段引文道出了一個十分嚴厲的懲罰。它若被引到提摩太後書這處地方，似乎暗示了上帝可以分辨出哪些人是不屬於祂的，而不屬於祂的人(指煽動者)至終會面對可拉黨相同的結局。
- 第二段引文「凡稱呼主名的人總要離開不義」似乎來自初代教會的一些倫理訓言。基於無法在舊約或新約聖經找到這些引文所用的確實詞彙，它極可能是由好幾節有類近意思的經文組合而成的(利二十四16;民十六26;書二十三章;詩六8;賽五十二11;珥三5;路十三27;太七23;「便西拉智訓」17.26)。這段引文中的「義」原本是指道德行為上的義，但保羅卻用來指涉信仰上的純潔。保羅借此重新定義「不義」(或惡)，把教義與人的德行相提並論。敗壞的教義可以敗壞一個人，從而敗壞了整個羣體。

換之言，「堅固的根基」就是上帝救恩的計劃，而祂的計劃透過祂所揀選真正的羣體實現出來。這就是保羅這兩句引文的邏輯。保羅至終要説明的是，人所教導的內容，是説明他是否屬於上帝選民的最終證據。

5.2.4 提摩太要成為貴重的器皿(二20~21)

在這書信中，保羅用了許多隱喻來表達他的信息，如:精兵、運動員、農耕、身體生瘡、建築物等等。保羅接著以器皿的隱喻來描繪敗壞和純潔的意思。他結合了羅馬和猶太用語來勸勉提摩太在其所身處的環境中如何行事。保羅這樣的描述充分展示出他多元文化的一面。在此，保羅描繪出一幅「**大戶人家**」（*oiki*）的圖畫。他談及的是一個有貴族氣派之家，而家內或許有不少金銀珠寶。這家可能是初代教會時期那些資助保羅的家庭教會，他們是富有的恩庇者。然而，這個隱喻所帶出來的喻意，就不止於一個家——建築物，而是包含著更豐富的意義的。保羅完全有可能以這「大户人家」的隱喻來指聖殿，也就是指教會（參**弗二 19～22**）。根據 20 節，這家有不同的器皿，其中有黃金製成的，也有泥土製成的。或許我們很快會將這些器皿與傳遞不同信息的假教師關聯起來，這也是合理的。保羅基本上把兩種貴重的器皿（「金器銀器」）與兩種卑賤的器皿（「木器瓦器」）作平行論述。貴重的是「金器銀器」，卑賤的是「木器瓦器」。器皿之所以貴重或卑賤，除了看它本身是用甚麼材料製成的，也在於它所盛載的東西是甚麼；換言之，要盛載的東西決定了人選擇使用哪種器皿。從地中海世界的考古遺迹裏，考古學家發掘了很多木器和瓦器，而這些卑賤的器皿是用來盛載人的排泄物，即類似今天的馬桶。這「大户人家」的隱喻，完美地描繪了 21 節的內容。保羅指出人（即是器皿）必須潔淨自己，離開污穢的事情，才能「成為貴重的器皿」（*skeuos eis timēn*；「新漢語譯本」譯作「作用途尊貴的器皿」）。保羅再仔細解釋上節經文所指的是，「成為聖潔，合乎主用，預備行各樣的善事」。「成為聖潔」（*ēgiasmenon*）和「預備」（*ētoimasmenon*）這兩個動詞的希臘文都是完成時態被動語態分詞，暗示了不是人自己主動「成為聖潔」和「預備行各樣的善事」，而是上帝使之分別為聖和預

保羅不是討論「大户人家」裏個別的房間，因為他沒有使用 oiks 這詞。

以弗所書二章 19 節也使用了一個形容「家」裏的人、而不是「房子」的詞彙來作比喻教會。把人和建築物結合起來是保羅慣常的做法。

備人行各樣的善事。在這裏，保羅的意思是提摩太應該自潔，上帝就會將他分別出來，預備他去行善。保羅以「卑賤」及「貴重」作對比，表示他在這個敍事中用上了與榮辱有關的詞彙。希羅社會同樣有貴重與卑賤的討論，尤其對希臘人來說，失去尊榮就猶如在社會消失一般。希臘曾出現的許多戰爭，都是因為人的尊榮受損而引發的。保羅在這裏把尊榮和教義的純潔連繫起來。他的整個信息暗示了好的教義應該催生好的行為，壞的教義則導致壞的行為。

總結這個比喻，保羅是使用了類似舊約潔淨條例中的潔淨用語，讓提摩太選擇榮或辱、純潔或不純潔。而保羅更要指出的是，信仰不再關乎禮儀，而純潔與否則由所傳遞的信息來定義。

5.2.5 提摩太要成為別人的榜樣（二 22 ～ 26）

保羅勸勉提摩太要以自己為榜樣教導人。他用兩個正、反面的行為作對比，以道出提摩太應如何作榜樣：第一，「逃避/棄絕」與「追求」（22、23 節）；第二，「爭辯」與「教導/勸導」（23～26 節）。同樣地，保羅繼續以隱喻來説明他要討論的議題。

5.2.5.1 要逃避及追求的事（二 22～23）

22 及 23 節似乎是兩個獨立的句子，但從原文看，這兩節經文都由一個定冠詞（*tas*）加一個連接詞（*de*）開始。孟恩斯認為這兩句是平行的。若照孟恩斯的看法，保羅在此提醒提摩太要「逃避」（及「棄絕」）的，包括「年輕人的私慾」（22 節）及「愚拙無知的辯論」（23 節），而正面追求的則有：「公義、信實、仁愛、和平」。

一、負面的行為：「逃避」、「棄絕」（22 上、23 節）

保羅使用的詞彙，就像用來描繪一個跑步員跑步的詞彙一樣，而他以此說明提摩太應該如何作榜樣。他以「逃避」（*pheuge*）及「追求」（*diōke*）這兩個帶命令語氣的動詞作對比。試想像一個跑步員在跑道上遇上分岔路，他要作出選擇。這刻他當然「不會跑往」（或努力逃避）與他相反「方向」（或生命素質）的那條路。在這跑道上，提摩太要逃避的事情就是「少年的私慾」（*neōterikas epithumias*；NIV 譯作 "evil desires of youth"，它加上一個「惡」字，符合保羅一般用法），這短語出現的詞彙多是用來形容肉體的慾望（參羅一 24，六 12，十三 14；加五 24；弗四 22；帖前四 5）。為甚麼慾望是惡的？一般認為這與「性」有關。但是這樣的看法肯定過於單一及過分狹窄。事實上，馬歇爾明確駁斥以「性」來詮釋這短語，他認為它應該指向與年輕人的激情有關。真正的答案，其實可包括與「性」有關的事實，因為在某些處境下，保羅的確把「慾望」一詞連於「性」。但是，我們要進一步問：為甚麼「性」要被看為是負面的？保羅是禁慾主義者嗎？肯定不是。在羅馬社會中，「性」在道德哲學家眼中有著正面和負面的評價。羅馬人的確十分沉迷於「性」方面的事情，但當時的道德主義者在他們的著作中亦警告人要謹慎自己的慾望。可是，他們提出的警告，並不像現代人所理解的是針對「私慾」，而極可能是指與自制有關的事情，意即當人沉迷於「性」或其他慾望，就會失去自制力。換言之，保羅可能首要關心的，不是警告提摩太要小心「性」這不道德的事——身為教會的榜樣，提摩太肯定不需要這個基本的道德教導；保羅更加關注的是提摩太的自制能力和生活紀律，因此保羅才以「年輕人的私慾」來帶出這個主題。

保羅接著提醒提摩太「要棄絕那愚拙無知的辯論」。「辯論」

（*zētēseis*；原文意指論壇上的討論）這詞原來的意思不完全帶負面意義（參約三25；徒十五2、7，二十五20），但當它帶負面意義之時，會在這詞之前加上一個形容詞（提前六4「專好爭辯」；多三9「**愚拙的辯論**」）。當加上形容詞，它就與14節「爭辯」（參5.1「當提醒信徒停止爭辯〔二14〕」，頁122～124）同義。保羅似乎不是反對辯論，而是反對一些「愚拙無知的辯論」，因為它「會引起爭辯」。這「爭辯」（*machas*）的原文雖與14節（*logomachein*）的不同，但14節的複合詞所包含的動詞，正正就與23節的名詞字根相同。因此，23節這詞應正確地譯作「口舌之爭」（「新漢語譯本」譯作「爭鬥」）。究竟保羅要求提摩太要「棄絕」哪方面的「辯論」？若保羅看這些「辯論」是「愚拙無知」，表示他看那些「辯論」是沒有教育意義的。或許當時有人自以為很有學問，因而挑戰提摩太的教導是否合宜。若是如此，這些「辯論」是來自那些煽動者（參14節）。保羅所要求的是「棄絕」，這比14節的提醒更嚴厲，表示提摩太絕對不應參與他們的任何討論。

「愚拙的辯論」這詞（nosōn peri zēteseis）原文的意思是「對言詞上的爭辯有古怪的癖好」（參「新漢語譯本」）。

二、正面的行為：「公義、信實、仁愛、和平」（22節下）

與「年輕人的私慾」及「愚拙無知的辯論」相反的事情，正正就是提摩太應該追求的事情，也就是美好的品格：「公義、信實、仁愛、和平」：

- 「公義」是指道德上的義，是保羅對那些因信稱義的人的要求（參林後五21）；❷
- 「信實」不僅是帶有信心，而且是忠誠，尤其是在危險的情況下；
- 「仁愛、和平」涉及的是關係。這裏所指的是提摩太要去愛其他人，也要與他們和平共處。

假如我們按著希羅處境——欠缺自制能力，以及欠缺上述這些品格——深入思考經文的意思，便會發現這些品格是典型的有自制能力的一種表現。追求「公義」需要自制，因為不義的事在提摩太的社會十分普遍；追求「信實」需要自制，因為若不自制，會使提摩太失去信仰的熱忱；追求「仁愛」需要自制，因為教會有很多沒有愛心的人，而這些人已有部分離開了福音；追求「和平」需要自制，若提摩太不能自制，參與煽動者那些口舌之爭，教會便會出現紛亂。

5.2.5.2 爭辯與教導（二 24～26）

保羅在 24 至 26 節結束他給提摩太這段鼓勵的話。保羅在這裏訴諸提摩太「主的僕人」（*doulon kuriou*）這身分。提摩太很難避免在任何情況下都不爭論，尤其是對著煽動者；但他要從「主的僕人」這身分來檢視自己的行為。僕人所作的一切，其最終目的是為討他的主人喜悅，就如「精兵」應該討他的官長喜悅（3 節）。24 節的「爭辯」（*machesthai*）是一個動詞，與 23 節「爭辯」這名詞的字根相同，所以 24 節所指的不是普通的辯論，而是引起紛爭的「口舌之爭」。與其有「口舌之爭」，倒不如以另一方式——即以僕人身分——表達個人對事情的看法。作為「主的僕人」，他應有的特徵是「溫和待人，善於教導，恆心忍耐」（24 節）。這種對個人品格的描述，與提摩太前書論長老的特質相似（參提前三章）。於此，保羅把教會描繪成一處牧養的地方，同時亦是與領袖——提摩太——一同學習的地方，而領袖亦要培養這種學習氣氛。

儘管這樣，依然有些人會傾向接受煽動者的教導，因而反對提摩太(25～26節)。保羅並非說要包容類似許米乃和腓理徒的人(17節)。保羅所指的是，提摩太要以「溫和待人，善於教導，恆心忍耐」的態度對待那些被誤導的會眾，他們已落入了煽動者的網羅，無知地行了惡事。保羅使用了一個類似喝醉了、不省人事的狀況的詞彙，來形容這些被誤導的人(26節)。換言之，煽動者已迷惑了某些無知的人，而提摩太的職責就是要挽回這些人，使他們清醒過來。挽回的過程，是要以「恆心忍耐」來「教導」他們。總括來說，避免信徒落入異端網羅的方法並不是使用粗言惡語，而是由合資格的領袖提摩太提供一個有耐心、有知識的環境。

5.3 以保羅為榜樣(三1～17)

在這段落中，保羅以負面及正面的內容來勸勉提摩太，教導他應如何效法保羅自己。首先，他指出提摩太身處的是一個惡劣的環境——末世的環境(三1～9)，然後再指出他要如何追隨保羅的教導(三10～17)。

分段大綱(三1～17)

一、末世惡劣的環境(三1～9)

1. 保羅所指的末世(三1)
2. 末世艱難的日子(三2～9)

二、提摩太要追隨保羅的教導(三10～17)

1. 保羅提及他個人的品格及個人的經歷(三10～13)
2. 保羅要求提摩太持守他所學到的事(三14～17)

5.3.1 末世惡劣的環境(三 1～9)

5.3.1.1 保羅所指的末世(三 1)

保羅在這個段落稍為改變了他討論的內容，傾向以終末的講論為焦點。這不僅是一個神學議題的討論，更是關乎某個歷史觀的修辭表達——而這歷史觀反對羅馬人的歷史觀。猶太－基督教是惟一有著清晰的線性和基督論式歷史觀的信仰。許多羅馬作家若非擁抱一個線性的歷史觀(非以他們的神明為基礎、而是以侵略為基礎的歷史觀)，就是擁抱一個循環式的歷史觀(即歷史是循環不斷的)。保羅訴諸歷史，是提醒提摩太緊守以基督為中心的世界觀的一種方法。保羅以「**末世**」(*eschatais ēmerais*；原文可譯作「最後的一段日子」)將要發生的種種惡事作開始，來解釋他的歷史觀。「末世」這希臘文短語甚少出現在新約聖經(參徒二 17；雅五 3；彼後三 3)。這短語成為傳統的神學說法，可能源自路加在使徒行傳所記述的彼得講道。彼得引述了約珥書二章 28 節(卻不完全按照希伯來文經文或是「七十士譯本」)，並將約珥書三章 1 節的「那些日子」改為「末後的日子」(徒二 17)。不過彼得的引文仍然較接近「七十士譯本」。無論約珥書的「七十士譯本」或希伯來文經文，所指的是將來的日子，且有「末後」的意味。彼得極可能將約珥書的「那些日子」詮釋為「末世」，又或教會自行將這經文詮釋為與將來的事有關。「將來」藉著基督已經在此出現了。基督的再來成為救恩歷史所關注的最後及最重要事件(參來一 2)。初代教會藉著五旬節發生聖靈降臨這事件來證明這一點，而這件事也在初代教會的身分上，留下印記(林前十 11；彼前一 20；約壹二 18)。保羅在討論外邦人歸信成為上帝子民這一部分裏，反映出他把彼得在使徒行傳第二章的講章，連繫至他所談

「末世」在希臘文是以複數名詞表達，表示不是指一個、而是一段日子。

及的「末世」這議題。

告魯雅留意到保羅在這裏提及的「終末的議題」,是有別於他當代某些猶太人同胞的,因為保羅將「末世」的焦點放在道德上劇變的情況,而非宇宙上的劇變。❸ 但是,筆者認為沒有必要將道德上及宇宙上的劇變分割,因為保羅可能按著不同階段看這些事件:在保羅當時,劇變不只在道德層面,也包括教義層面;惟有到了最後,即耶穌再來之前,才會出現一些宇宙上的劇變。又或許,宇宙用語(這並非此書信一部分),只是象徵著屬世事件對普世的影響,而不是從字面看,用來指自然的災難。保羅稱這段日子為「艱難的日子」(*kairoi chalepoi*),意思是指會有可怕的事情發生。「艱難」(*chalepoi*)這名詞可以解作粗暴的人或野獸。因此,保羅並沒有裝腔作勢,或是很無知地期望明天會更好。從他的言語表達,他看不見明天會更好。

5.3.1.2 末世艱難的日子(三 2~9)

保羅繼而說明將來可能會發生可怕的罪行。不過,他告訴提摩太要如常地行事。那麼,這些罪行是指甚麼呢?保羅列出的有兩方面,就是道德上的罪(2~5 節),以及教義上的罪(6~9 節)。

一、道德上的罪行(2~5 節)

保羅在此提到的道德罪行可能是從外而來的,因為這裏使用的希臘文詞彙——「愛」和「不」,除了形成了扇形結構之外,也出現押韻和頭韻。這裏列出的清單,大部分是由希臘文「愛」的字首(*phil-*)和「不」(*a-*)組成。凡出現「愛」的,屬清單的第一和最後部分(2、4 節下),而「不」是中間的部分(2 下~3 節上)。保羅有文字中似乎加了其他不太符合頭韻、結構、押韻的詞彙,來完成(甚至是凸顯)他這段討論的邏輯。藉著一系列以「愛」及「不」為字首的詞彙，保羅強調這些人愛著一些他們不應該愛的事情，他們同時也沒有應有的品格。因此，保羅先處理的，是他們內在心態上的罪行，然後才是表現出來的罪行。從這種表達看，難怪昆爾(Jerome D. Quinn)和韋嘉(William C. Wacker)使用「意圖」(“intent”)來形容這些有罪的內在態度。❹ 奈特稱這一連串的問題為「愛的偏差」。保羅列出的清單如下：

- 一連串與「愛」有關的罪行包括「專愛自己」(*philautoi*)、「貪愛錢財」(*philarguroi*；2節上)，以及「愛好宴樂」(*philēdonoi*；4節)。他們的「愛」只是為了自己。這樣的自戀，與愛上帝和愛所有美善的事完全相反(參3下、4節下)。在這個邪惡的價值觀或世界觀之下，他們有一些外在的行為表現(2節下)：他們變得「自誇」(*alazones*)、「狂傲」(*huperēphanoi*)、「毀謗」(*blasphēmoi*)。這些行為都是綜合了惡毒的話語和可怕的待人態度。我們必須留意這這些罪行出現的次序。❺ 假如這份清單確實是借用了當時的「教理問答」的一份道德規範的清單，那麼，它可能是經過編修的。無論這是出自保羅自己的手筆，抑或引自另些來源，它是有內在的邏輯的：他們自戀令他們變得驕傲，因驕傲而膽大妄為，欺負他們認為較他們低下的人。這清單似乎包含了一種因果的邏輯。
- 一連串與「不」有關的罪行包括在「違背父母」(*goneusin apeitheis*；原文可譯作「不順服父母」，參提前一9)、「忘恩負義」(*acharistoi*；原文可譯作「沒有感恩」，有別於一章2節的「恩典」是上帝祝福的清單之首)、「心不聖潔」(*anosioi*)、「沒有親情」(*astorgoi*；原文可譯作「沒有愛」)、「抗拒和解」(*aspondoi*；原文可譯作「不饒恕」，這也在羅馬書一章31節的清單中出現)、「好說讒言」（*diaboloi*；它不是以"*a-*"作字首，這可能是為押韻而加上的）、「不能節制」（*akrateis*）、「性情兇暴」（*anēmeroi*；這詞雖然以"*a-*"作字首，但其意思不是帶「不」的，它很可能與接著的詞押韻），以及「不愛良善」（*aphilagathoi*；這詞很可能是保羅自創的，而且極可能演化自亞里斯多德的著作，因為他的著作中也有類似意思及相似的詞）。

- 他們有負面的特徵，這些詞彙全都出現在路加的著作裏（4 節；參路六 16；徒七 52，十九 36）：「出賣朋友」（*prodotai*）、「任意妄為」（*propetis*）、「自高自大」（*tetuphmenoi*）。

總結這份描述道德規範要求的清單，保羅的思路是這樣的：一個人把心放在錯誤的地方，便會導致兩方面的行徑。第一，漠視與人和與上帝建立羣體關係的應有品格。昆爾和韋嘉說：「愛享樂而非上帝，其心意是愛自己而非上帝的啟示。」❻ 第二，刻意的惡行（「自誇、狂傲、毀謗、違背父母」）反映出刻意的惡念（「出賣朋友」）和心態（「任意妄為、自高自大」）。他整體的思路，以及歸納出來的這份品格清單，既清楚，又簡單。而且他們的行為會漸漸變差，而保羅似乎為 2 節下及 4 節上補上這些內容。

保羅告訴提摩太不要與這樣的人有任何聯繫。保羅指的並不是教會以外的人（因為在信仰羣體之外，這些價值觀十分正常），而是指那些在信仰羣體當中，承認基督之名，而有上述行為的人。假如保羅是指信仰羣體以外的人，提摩太便要避開這樣的非信徒，那麼他就無法完成他的佈道工作了（參四 5）。保羅的吩咐「這等人你要避開」（*toutous apotrepou*）中的「避開」（*apotrepou*），是以現在時態表達的動詞。換言之，提摩太可能會偶爾碰見這些人，但是他要養成習慣，不可以常待在這些人身邊。

二、教義上的罪行（6～9 節）

保羅接著指出在彌賽亞的終末日子裏出現的第二類敗壞行為，也就是教義上的敗壞。這些敗壞即使如此強烈地出現，而且令保羅感到十分哀傷，但他仍為提摩太帶來盼望，因為上帝救恩的最終時刻來到了。即使不是十分有系統地引用，但保羅肯定是依靠耶穌傳統來展開論述。耶穌教導的信息，在符類福音裏的記載是一致的（太二十四 24 及下；可十三 21 起；路二十一 8～38）。按福音書的記載，這些煽動者在彌賽亞的終末日子出現時，就像孕婦分娩前的陣痛。

6 節的希臘文以「他們當中有人」（*ek toutōn*）開始，並以此形容那些在教義上敗壞的人。「他們」是指有著上述各種道德敗壞行為的人。這翻譯把部分不道德的人歸類為假教師；換言之，並不是所有在道德上敗壞的人都是信仰上的煽動者，但在「他們當中」有信仰上的煽動者，即教導異端邪説的人同時是道德敗壞的人。在這情況下（在教會歷史中，顯然不是每次假教師都是如此的），煽動者也出現誠信和道德上的問題。有趣的是，保羅使用了共通的用語來形容道德上及教義上敗壞的人。在 2 至 3 節，保羅指出不道德的人有言語上的敗壞，而 6 至 9 節同時提到教義上敗壞的人也有言語上的敗壞。因此，在本質上假教義的主要問題是濫用言語；而他們這種言語的表達，某程度反映了他們內裏的道德品格及對知識的理解。

保羅形容那些假教師「潛入別人家裏」，然後「操縱無知的婦女」。保羅指出這些人是「潛入⋯⋯家裏」，暗示了家中有一些東西是他們想要的，或許是家中的金錢。這些婦人可能擁有金錢，不過卻欠缺智慧和知識，因此被人「潛入」她們的家。若是如此，她們雖然沒有受過教育，但這不表示她們是貧窮的。保羅準確無誤地以「潛入」（*endunontes*）來形容那些人誤導婦人的方式。這動詞不只說明他們的行動，也表示他們是充滿敵意和狡猾的。這些婦人「被罪惡壓制」，並且「被各樣的私慾引誘」（參二22）。「被……壓制」（*sesōreumena*；原文可譯作「擔負」）這動詞是以過去時態被動語態表達，表示這些婦女在假教師接觸她們之前，早已遇到一些麻煩。這些假教師正是利用了她們的弱點來引誘她們，而她們似乎也成為假教師的主要跟隨者。就如馬歇爾和韋特寧頓所主張的，或許保羅期望提摩太溫柔地糾正這些受害者——但卻不需要糾正那些假教師（二25～26）。保羅形容這些受害者為「雖然常常學習，終久無法達到明白真理的地步」（7節）。保羅肯定不是反對知識，或反對學習；相反地，他在說明一個獨特的歷史情況：這些受害者並不是完全沒有知識，她們可能已掌握了一定的資訊，因為她們「常常學習」，只是她們從來沒有發展出真正的理解力，若再加上私慾的引誘，她們就被蒙蔽了，所以保羅吩咐提摩太要先糾正她們。

保羅繼而重提舊約時代的兩個人物，以此配合保羅當時敘事背景的類比（8～9節）。他提到兩個敵擋摩西的人——「雅尼和佯庇」。這兩個人的教導與保羅時代的許米乃和腓理徒（二17）可能極為相似。這兩個人究竟是誰？她們可能是敵擋摩西的術士（出七11）。舊約聖經並沒有記載她們的名字，但是在猶太教著作裏則有提及她們（參「**約拿單的他爾根**」〔*Targum of Jonathan*〕出埃及記七章8至13節），而她們也在希臘人的著作中出現（參皮利紐〔Pliny〕）。這兩個名字可能十分普遍，而保羅沒有加以說明，暗示了當時讀者知道她們是誰。假如外邦人都知道她們是誰，那麼在保羅寫這封信時，外邦人也早已熟悉她們的事。我們的焦點未

「約拿單的他爾根」肯定是根據很古老的猶太傳統寫成的。

必放在追溯這兩位巫師是否真有其人，反而要留心保羅把她們與許米乃和腓理徒作平行討論這種修辭技巧。再者，保羅在二章 19 節引述了民數記十六章 5 節，從而建構出一幅出埃及的圖畫。這些假教師好像昔日的雅尼和佯庇，嘗試阻止以色列人離開埃及。然而，從歷史看，這兩位術士最終都會失敗，因為上帝透過摩西擊敗她們。即使如此，按民數記十六章 5 節的記述，當時依然有很多人走上滅亡之路，因為他們仍繼續叛逆上帝。保羅時代假教師的罪等同於摩西時代的以色列人的罪。異教的巫師和假教師的叛逆都會導致滅亡，因為它們敵擋上帝和祂的使者。這樣，保羅就好比摩西，是上帝的使者。那些敵擋保羅的人就是在敵擋上帝。

在終末的日子，這些惡人是怎樣的呢？根據 8 節，這些人「心地敗壞」（*katephtharmenoi*），他們敗壞的行為已不止於信仰。保羅以「經不起考驗」（*adokimoi*）來形容他們的狀況。若對比二章 15 節，提摩太是「經得起考驗」（*dokimon*）的，這詞與「經不起考驗」可能意義相反。這兩個詞可直譯為「被拒絕」及「被接納」。在希臘文，這些相反詞描述兩種截然不同的境況。有些人因為通過真理的測試而被接納；另些人則因為沒有通過測試而被拒絕。藉著這種修辭表達，保羅一方面想強調提摩太是行在正路之上，而他也應該繼續這樣行。雖然假教師可能聲稱認識真理，他們從來都不屬於真理，也不會在終末日子來臨時帶來的滅亡中得拯救。基於他們沒有通過真理的測試，他們將要面對審判。保羅深信他們敗壞的狀況很快會結束。在這裏，保羅說「他們的愚昧必在眾人面前顯露出來」，暗示了提摩太其實不需要花時間去處理他們；相反地，提摩太卻要拯救那些受害者，幫助他們脫離這些敗壞的教導。保羅的建議，在一定程度上顯示出他知道提摩太和他的會眾的一些處境：

- 保羅假設了自己很熟悉提摩太的會眾，以及他所面對的假教義，在此事上，保羅必定做過多方面的研究和調查；
- 保羅假設了有正確與不正確的教義，而提摩太是可以分辨出來的；
- 保羅假設了以弗所的信徒已建立了一個標準的教義，因為他們教會歷史相對較長，因此保羅要求會眾為假教師一事上負上部分責任。

對提摩太來說，最好的策略是好好教導會眾，以致他們能夠分辨對錯。藉著明辨的智慧和所認識的真理，假教義本身的愚昧和虛假便能夠輕易地被看穿，而不需要與假教師正面交鋒。換言之，保羅並不反對抵擋假教師，但在提摩太的處境中，更重要的是幫助那一小撮被欺哄的會眾——這裏所指的是少數無知的婦女。若然是在加拉太或哥林多教會，保羅所要作的，則可能是大型的舌戰。

5.3.2 提摩太要追隨保羅的教導（三 10～17）

討論過道德和教義的敗壞後，保羅在 10 至 17 節以「但你」（*su de*）來開始另一個話題。此刻，保羅話題的對象是提摩太，他談話的內容不只指向 2 至 9 節的假教師，也可能包括 1 節所提及的終末境況。因此，保羅主張提摩太要積極地（而不是以旁觀者的態度）面對他自己的處境；保羅同時也談論當前要面對的更闊的神學議題。假如提摩太曾經思想過要以「等候及觀察」的進路來面對問題，保羅接下來用上了這樣令人驚訝的修辭技巧，就是要激勵提摩太，要積極面對艱難的處境，並要跟隨保羅的指示，敵擋那些假教師的教導。保羅提出更廣闊的神學議題，就是要提摩太在如此末後日子中，持守真理標準。

提摩太要怎樣在這樣危急的處境下辨明自己的身分，並反抗可怕的敵人呢？保羅以兩個作為主要的結構標記的勸勉，告訴提摩太要如何行事，而這兩個主要勸勉，都包含在「但你」這短語中（三 10、14）。

5.3.2.1 保羅提及他個人的品格及個人的經歷（三 10～13）

相比於上述保羅提到提摩太要逃避或不應做的事（二 15～26），保羅在此則勸勉提摩太應做甚麼事（三 10～13）。這勸勉包含了令人驚訝的元素。保羅並沒有只要求提摩太留心他的教導，以此敵擋假教義，更吩咐他「追隨」保羅的生活方式。保羅的吩咐有 3 方面：他先列出他個人的品格（10 節），然後分享他的個人經歷（11 節），接著是他個人對受苦的看法（12～13 節）。

一、個人品格（10 節）

保羅首先提及的是「教導」（*tē didaskalia*），這是一個帶定冠詞的單數名詞，表示這個教導是單一、正統的。保羅的意思是，只要教導教會真理，人就能敵擋假教義。這單數表達的「教導」與假教師多種的教導形成了強烈的對比。「追隨」（*parēkolouthēsas*；原文可譯作「緊隨」）這動詞有「當作規則來跟從」或是「密切地留意」（參四 6）之意。除了「教導」，保羅也提及「行為」；此外，也提及「志向、信心、寬容、愛心、忍耐」。

二、保羅記述他的受苦（11 節）

除了上述提及的個人品格行為，保羅還勸勉提摩太要「追隨」他的受苦的榜樣。在 11 節上，保羅提到了一些地方，就是「安提阿」（徒十三50）、「以哥念」（徒十四5）、「路司得」（徒十四19）。這些地方都是保羅早期宣教時去過的。我們須留意保羅是如何描繪那些日子。他說主把他「救了出來」，但是這「救」是將保羅從「迫害和苦難」中救出來，而不是免去保羅最初的苦難。保羅為甚麼要在此提到這一點呢？韋特寧頓指出，某些抱懷疑態度的人認為是有人虛構了這個傳說，歷史上的保羅並不會這樣描述自己。不過，韋特寧頓就此作出反駁，他認為即使提摩太後書真的有一半內容不是出自保羅的手筆，這個記載仍符合現時學界對歷史上保羅受苦的共識。韋特寧頓的看法是正確的。有些解經家，如偉大的教父屈梭多模（John Chrysostom），曾質疑保羅為甚麼在此不另提其他的一些品格，而只以他自己受苦的事去鼓勵提摩太。其實答案十分簡單。根據使徒行傳十六章1節的記載，提摩太是路司得的公民，他可能在那裏開始參與保羅的工作，而他參與工作之前，亦早已歸信（提摩太是由其他人帶領歸信的）。他極可能早在路司得已聽過保羅傳奇性的受苦和脫險故事，後來才與保羅同工。畢竟，當保羅提及這些地方而不作任何解釋，便直接要求提摩太要效法，這說明了提摩太十分清楚那些地方發生了甚麼事。因此，保羅藉個人的經歷，鼓勵提摩太努力委身信仰；而當他這樣委身之時，總會遇上危險，不過上帝會作出適時的拯救。

三、保羅指出敬虔人受苦是必然的（12～13節）

這段經文的信息確實令人沮喪，因為它道出了一些提摩太不能逃避的事實，而這些事情並不易於面對。即使提摩太跟隨保羅的指示而行，結果也可能會與提摩太的「意願」相反。保羅直接地說：「凡立志在基督耶穌裏敬虔度日的，也都將受迫害。」傳統教會看「敬虔」（*eusebōs*）這詞的意思，是類似「上教會、讀聖經和祈禱的行為」，但是古時的解釋並不如此。❼ 這詞原文是表達著一個形成社會基礎的基本希臘品格。它的確有類似敬畏神明的意思，也可以用來形容盡忠工作的好人。在提摩太的情況，這個詞彙並沒有排除「上教會、讀聖經和祈禱的行為」的意思，但它主要指實踐保羅所說的一切，而其重點是在「實踐」。保羅在這封書信裏把一個普遍用來描述非基督徒品德的詞彙，轉化為更具廣闊意義的一個詞。它強調的是一種行為，而這種行為是認同保羅和基督的受苦、並他們的教導的（參一 8～18，二 8～9）。從保羅所使用的詞彙，反映了他期望基督徒能超越異教的道德和宗教期望。在教會歷史中，初代教會時期是一段急難的日子，提摩太每天都要如保羅般實踐他的信仰，且不是在家中私下實踐，而是公開地在教會羣體中實踐。保羅清楚指出教會面對的兩股壓力：外來的逼迫，以及迷惑人的假教義。提摩太為了展示他的敬虔，必須在逼迫中剛強起來，也要在遍佈著假教義的環境中好好作教導。諷刺的是，這些迷惑人的不只迷惑別人，他們也受其他迷惑者迷惑。保羅所指的「迷惑人」的是指哪些人呢？或許是指那些假冒使徒的人，又或許是迷惑其他人的信徒。

5.3.2.2 保羅要求提摩太持守他所學到的事（三 14～17）

14 節再次以「至於你」（*su de*；可直譯作「但你」）作開始，表示另一個勸勉的開始。保羅在 14 至 17 節給予提摩太第二個勸勉。保羅要求提摩太「持守」（*mene*；可譯作「繼續」，以命令語氣表達）他所學習到的（14 節），以及持守所學習的事的內容（15～17 節）。

一、提摩太要持守學習到的事（14 節）

提摩太要繼續行在正路上。假如提摩太早已行在正確的路上，為甚麼保羅要給予提摩太這樣強烈的勸勉？我們很容易會以為提摩太跌倒了。不過，須留意的是，保羅不單單在這裏才發出嚴厲的勸勉，其實整卷書的勸勉都是如此嚴厲的。筆者認為，保羅之所以有如此的表達，與當時的歷史情況有直接關係。這裏的勸勉沒有暗示提摩太有任何變節的意圖，保羅只是要指出，當時的歷史情況，可能已有許多陷阱絆可以倒提摩太。當預視到這些危險，保羅身為提摩太的長輩，定會要提摩太切記不能偏離正路。究竟提摩太正走在一條怎麼樣的路上？

根據14節下，這條路就是指提摩太所學到和認信的一切。那麼，究竟他學到的是甚麼呢？根據上下文，保羅至少是指10節所提及的事情，其中包括的不只是知識，也包括把知識應用在信仰生活上。「學」（*emathes*；14節）不只是指學習知識，也指成為門徒。保羅期望作門徒的能夠跟隨他的道路、處事方法及生活方式。「確信」（*epistōthēs*）是指完全相信某些事情。這裏的「確信」顯然不只是指知識，也包括如何將知識應用在當下的處境中。保羅堅定地指出，「學習」確實是個人性的行為，並且與處境有關，它不只是頭腦上知道某些資訊而已。保羅並不只說提摩太學到的是「甚麼」，也提到他是「跟誰學」的。這個「誰」其實是指保羅和那些在提摩太年幼時教導他認識信仰、並培育他信仰德行的人（一5，三15；參3.1.1.2「保羅記念提摩太傳承的信仰〔一3下～5〕」，頁61～63）。

二、提摩太要持守所學習的內容（15～17節）

保羅接著進一步說明14節所指的、曾經教導提摩太的是甚麼。值得我們思考的是，保羅將提摩太要學習的，連至16至17節這重要的經文。這兩節經文之所以重要，在於保羅在勸勉中所採用的修辭力量。當然，整卷提摩太後書充滿著許多重要的經文，但畢竟保羅並不需要告訴提摩太有關聖經種種的重要性。然而，由於 16 至 17 節所針對的對象是教會，所以便值得稍作些討論了。要解釋 15 至 17 節，必須留意以下有關「聖經」這詞的事情。

「聖經」這詞的原文在 15 節只出現 1 次（「和修版」出現兩次），而 16 節的「聖經」在原文是以另一個名詞來表達的。

第一，15 節的「**聖經**」（*hiera grammata*）這名詞短語，其原文在新約書卷裏只出現過 1 次。它是以複數名詞表達，可能標誌著聖經包含了不同種類的著作。若按保羅時代的聖經分類，那就是指律法書、詩篇和先知書。保羅使用這詞，其焦點肯定是舊約所包括的神聖和信仰特質，而這會引導人認識基督的救恩。然而，保羅並沒有説聖經的每個字詞或每一節都可以引導人認識基督裏的救恩（畢竟舊約的章節分段並不是絕對的）。相反，保羅所接觸到的神聖著作鋪排了救恩歷史，並以基督為高潮。

第二，16 節「聖經」（*graphē*）一詞是以單數名詞表達，這是保羅慣常用來指涉舊約的用語（參羅四 3，九 17，十 11，十一 2），這當然也是新約書卷慣常的用法。雖然我們好像十分熟悉 16 節，但仍然值得花時間解釋一下，因為教會和一些所謂的神學家普遍用它來證明新約書卷是上帝的話語。❽ 另些學者，如奈特，無疑想保留「聖經」這詞彙所包括的一些新約意味，因此傾向把保羅自己的著作和一些「原始福音書」（proto-Gospels）納為「聖經」的一部分。假如奈特的觀點是站得住腳的話，那麼，當保羅每次寫作之時，他是否知道自己是在寫「聖經」呢？筆者認為這看法不對。奈特的觀點其實將一個與經文、甚至是新約歷史毫不相干的解釋強加在這詞身上。須留意的是，保羅在此並非要處理這樣的問題，況且當時新約正典仍未寫成或形成。另一個需要處理的字眼是「**上帝所默示的**」（*theopneustos*；NIV 譯作“God-breathed”），中文譯本大多以短句表達，但這詞於希臘文是一個複合動詞，由「上帝」

告魯雅指出，只有 4 段前基督教的文本和「西卜神諭篇」（Sibylline Oracles）出現了這個特殊的詞彙。

（*theos*）這名詞及「吹」（*pneō*）這動詞組成，可以指類似「上帝吹氣進入」的意思，除此，保羅便沒有加以解釋上帝是如何將氣吹入。「聖經都是上帝所默示」這句子很可能令有些人以為，寫舊約書卷的人是像默書般將書卷的內容記錄下來。其實，16 節的重點可能並不是默示的方式。事實上，若參照 15 至 17 節，保羅的重點是在「聖經」的本質、應用，以及它帶來的影響。那麼，16 節有哪些可能的意思呢？韋特寧頓列出了 3 個可能性：

- 它可以讀作「每段聖經都是上帝默示和有益處的」。在希臘文，「聖經」這詞之前有一個形容詞「所有／每一」（*pasa*；「和修版」沒有譯出來，NIV 譯作“all”，NET 譯作“every”）。若這形容詞與沒有定冠詞的名詞一起使用，它可以表示「每一」，所以其重點就是「聖經每一段經文」。
- 它可以讀作「所有聖經是……」。若是如此，其重點是「聖經」這詞彙是一個單數字，那麼保羅的意思就是指「每一段經文」。
- 它可以讀作「每卷上帝默示的聖經」。這讀法會易於引起誤會，因為就希臘文法而言，最正確的文法結構，是將形容詞直接連於名詞（參**提前四 4**），否則就會變成：有某些聖經不是上帝默示的，而只有上帝默示的聖經才是有益的。

「上帝所造之物」（pan ktisma theou；提前四 4）的原文可直譯為「上帝的一切〔或所有〕受造物」。

因此，第二個翻譯似乎依然是最好的。單數的「聖經」同時表示它是單單的從上帝而來；然而，它也需要人去理解的（14～15 節）。它有 5 個益處：

- 「聖經」對「教訓」（*didaskalian*）有益處。這是指向二章 24 節提摩太的職責的一部分，不過 16 節的重點是指準確的內容，它有別於假教師的信息（二 16）。這個「教訓」是有建設性的，是有別於假教師敗壞人的信息的（二 17）。

- 「聖經」對「督責」（*elegmon*）有益處。這指向那些落入假教義的人。保羅從不會寬容假教義，提摩太也不應該這樣對待假教師。
- 「聖經」對「使人歸正」（*epanorthōsin*）有益處。這動詞的意思是糾正某些事情。保羅假設提摩太是正確的，但提摩太必須學習他所需要知道的一切正確的事，才可以即時發現何謂錯的事，並加以糾正。
- 「聖經」對「教導人學義」（*paideian tēn en dikaiosunē*）有益處。這指向二章 22 節下保羅論到的一些美好的品格。「教導」（*paideian*）這動詞往往用來描述希羅教育制度中的一種教育過程。在這個新的彌賽亞社會裏，新的教育過程應該由提摩太來帶領。
- 屬上帝的人要「預備行各樣的善事」（*pan ergon agathon exērtismenos*）。保羅表示信徒要從「聖經」學習如何行善，而且不只是行一種善事，而是行「各樣的善事」。這是指向 10 節最初提及的敬虔生活。

總括來說，這一連串益處有其十分清晰的邏輯思路。保羅絕對認為必須以教導聖經，來面對那些缺乏足夠知識，並導致假教義的問題（三 6）。走差了路的人需要其他人督責，才不會再犯同樣的錯。然後，這些走差路的人需要糾正，才可以再次站起來。站起來之後，也需要進一步學習如何行各樣的善事，以致他的生活方式能符合上帝的標準。最後，保羅指出他的目標不只是為了敵擋假教義，也是為了信徒能行各樣的善事，而這些善行能夠表達出上帝的義。

研讀這段經文時，採用「以探討默示方式為研究焦點」的傳統，是完全浪費時間的。❾ 有關聖經權威和默示理論這方面的教義，根本就不是保羅在這節經文要關注的問題。這類關注，大部分是現代主義因漸趨世俗化而作的回應。那麼，保羅這樣討論聖經有何用意呢？第一，對保羅來說，「聖經」的目的，全是為了讓信徒可以依據耶穌來臨的敘事來實踐信仰。唐納（Philip H. Towner）確信這些經文「並不是一些學術討論，而是實際的應用」。第二，保羅既關注「行各樣的善事」的基礎，也關注「善事」本身。第三，保羅吩咐教會內要有良好的教導事工，藉此去敵擋假教義。有了良好的教導，假教義就沒機會滲入教會。第四，保羅表示舊約已足以讓提摩太掌握福音的內容和與它有關的道德規範。

信仰反省

保羅對提摩太的教導，為提摩太的牧養事奉打造了一個有趣的情境，就是：若不跟隨保羅教導之路，教會很快便會落入假教師的手裏。因為沒有教導，人不只不認識真理，也會漠視並最終忘記有關耶穌的真理。保羅所指的牧養的事奉，本質上由兩部分組成——而且保羅要確保它能夠存留下去——那就是：提摩太要以話語和榜樣來教導他的受眾。他要成為一個受人敬重，被上帝使用的人。保羅清楚說明，假如提摩太不緊緊守著他的職責，假教師就會乘虛而入，佔據教會。提摩太因此必須確保他在教導正確的教義，藉此建立教會，防禦假教義的侵擾。

保羅清楚表明真理能開啟人的心靈和思想，因此，提摩太要幫助他的聽眾學習應用這道，讓真理的信息從生活中清楚展示出來。今天，很多教牧同工正面對著兩個不同的挑戰。第一個挑戰是有關如何傳遞信息。有些牧者不忠心地研讀聖經，真理對他們來說變得陌生，以致他們的教導混雜了許多錯誤的道理。有些牧者則因為害怕冒犯人，刻意淡化他們所傳講的信息，以致聽眾不會留意信息所包含的鄭重提醒。這並不是提摩太正面對的問題。第二個挑戰則是提摩太面對的境況——就著牧養事奉來說，這段經文指向一個信息與受眾的問題。提摩太認識他的聽眾，而保羅期望提摩太知道要以哪種溝通方式來清楚傳遞信息。保羅建議提摩太要根據聽眾所知道的道理來深化他的教導，而不是「恫嚇」他們，正如保羅較早前對加拉太和哥林多信徒所做的。保羅是按聽眾的狀況來決定採用哪種溝通策略的。在加拉太或哥林多那滿是紛爭的環境下，較為激烈的修辭表達是必需的。但是，提摩太牧養的地區是較為平靜的，所以說之以理的進路可能是最好的。單從保羅所使用的不同修辭方式，已讓我們反省到，牧養事奉並不只為傳遞知識，也是為了與聽眾建立更深厚的關係。在這大前提之下，傳講信息的人必須了解受眾，並知悉應以哪種方式傳遞信息為佳。惟有這樣傳道者才能以討上帝喜悅的方式教導信息，並幫助在危機中的教會渡過困境。

雖然保羅深信上帝會確保事工的發展，他依然要提醒提摩太竭盡所能，作教導的工作，以確保他的真理教導可以保衛信仰。然而，防禦假教義的最好方法，似乎不是護教，而是教導那些忠心的工人去傳遞真理。如果異端依然在教會裏存在著，並且也迷惑著信徒，這很可能反映了教會和它的領袖沒有好好教導真理，同時也反映教會領袖沒有足夠的神學訓練。若將提摩太後書應用在今日的處境中，其信息就凸顯了神學訓練在教會牧養上的重要角色。因此，凡委身的教會領袖應不時在神學訓練和聖經研究方面下功夫，而教會應該要重視神學教育，因此，投放更多資源在神學院教育上，使神學院有足夠資源聘任高質素的神學老師，並支持及培訓更多未來的學者，以訓練更多忠於教導的信徒，將整全的福音傳開去。可惜的是，不少教會將大量資源用來擴展某些未必如此急切的事工，例如擴建更大的座堂或添置更多優雅的裝飾，又或不問底蘊，資助那些不真誠地作福音事工的機構。保羅斷言，提摩太的順服，並不會為他帶來較安舒的生活；相反地，提摩太的處境將會更惡劣。筆者執筆之時，一些錯誤的教導早已滲入了香港某些教會，他們從正統教會收取了一些捐助作其他用途。同樣的情況也在美國出現，不只在外國人的教會裏，也在華人的教會裏發生。最終，教會建築物可能依然存在，但人所著重的已不再是上帝的話。若這情況繼續發生，建築物「內」宣講的信息就可能不是真理，而教會也不再是教會了。

比爾在他的新約神學鉅著中總結說：「問題的核心是這樣：基督徒是否真的認識上帝的話語，並且相信及遵行？假如沒有，那麼惡者的謊言，就會狡猾地溜進我們的生命和教會裏。當這樣的事發生，又沒有人檢視和糾正它，欺哄的話就會如泛濫的河水湧進來。另外，基督徒的家庭有否把上帝的話語置於他們家庭的核心？再者，牧者有沒有騰出一些時間來研讀上帝的話語，專心預備主日的講章……？」⑩ 他的看法頗為正確。筆者在比爾的洞見上再補充多一點。很多人會把保羅給提摩太的教導，應用在某種保守主義者的聖經研究進路中。他們彷彿以為我們早已掌握聖經要讓我們知道的事情，並且這些事情已成為我們需要持守的「傳統」。持這樣看法的人，將會面對另一個問題：我們忽略了我們與歷史的提摩太是有一段時間上的距離，他不只可以親身接觸保羅，也能接觸到見證歷史耶穌的所有人。提摩太可以保守，因為他已得到他那個時代有關福音的第一手資料，但我們卻不是這樣。由於我們與提摩太存在著時間上的差異，我們應該採取與保守主義相反的進路。我們需要以更強大、更積極的心志去探究聖經，才能忠於真理。福音的內容及與它相關的事情，仍有很多需要探索的空間，這仍需留待學者發掘。對於保守主義的許多想法，仍有許多值得相榷的地方。單以「傳揚福音」為事工的焦點（就如不少教會正在做的那樣），卻沒有反省這「福音事工」是否需要進行某些學術研究或深入的驗證，那就顯得十分無知了。與其因循地推展事工，倒不如進取一點，多去問這樣的事奉可以成就甚麼事情？是否遵行保羅傳承給提摩太的遺訓？再者，除了要弄清楚福音的真正內容及它在今天的意義，我們更要知道它在我們這時代所代表的記號。這個「知道」的過程，大都在我們的神學教育中失落了，甚至在教會的講壇上也是如此。

即使神學院已漸進加強聖經和神學教育的反省，但身兼華人聖經研究作者及神學教育工作者的筆者，認為不應止於此。就如我在上文指出，馬歇爾和韋特寧頓主張保羅在二章24至26節所針對的是假教師的態度(參5.3.1.2「末世艱難的日子〔三2～9〕」,頁137～143)。他們可能錯過了保羅說話的重點。三章16至17節和四章14至15節清楚指出,面對假教師,保羅不會「以和為貴」。保羅從來不會逃避衝突,他甚至會當面挑戰假教義。若看見任何人要與假教師和諧相處,或有人提議與之聯合,保羅必定會極之憤怒。香港和海外的華人福音派教會尤其有一個「以和為貴」的文化,甚至會因而輕忽了一些神學上及信仰上的嚴重誠信問題。與此同時,也有一些人為了保存無關重要的所謂真理,或者為著一些芝麻綠豆的小事爭論不休,因而錯過了許多信仰上的重要事情。這不只表明他們缺乏真正的神學教育(甚至一些已擁有「博士」學位的也是如此),也反映他們對屬靈的事沒有洞見,也展示了華人與生俱來的保守主義和「以和為貴」的傾向。保羅這段經文的教導,成為「以和為貴」的解藥。這解藥尤其對今日聲稱是「福音派」的華人教會特別適切。這些打著「福音派」名堂的教會,都是鬆散地、不經反思地解釋聖經,而且到了一個地步,他們對聖經的理解是否與福音相符也不介意了。我們真的不可忽略他們曲解聖經所要付出的代價。根據保羅給提摩太的話,所付出的代價就是教會本身——尤有甚者,導致一個符合情理、屬靈的基督教因此而完全失去它存在的真正意義。

放諸21世紀的基督教事工,在處理聖經文本一事上,有一點是值得思考的,就是舊約聖經在教會整體教導事工上的角色。雖然大部分學者都留意到保羅在這裏是在討論舊約聖經,但很多牧者,甚至是神學院教授,都沒有留意到保羅這句話背後的含意。當他們聲稱相信上帝話語「無誤的默示」之時,卻誤會了保羅的意思,以為他是沉迷於論證默示的模式,因而為默示的模式,以及他們所想到的默示版本作許多無謂的爭論。杜梅(Jay Twomey)說:「教父和中古作家單純地把聖經由上帝默示視為理所當然,而沒有嘗試在默示的理論中去理解三章16節的宣稱。」⑪ 他的看法是正確的。保羅在這裏的意思是實際的、較少有神學意味的,甚至可以成為大部分華人教會講壇的尖銳指控。保羅暗示,即使當時沒有完整的新約書卷,只要人認同耶穌的故事,就可以理解上帝的旨意。這個聲稱不只令那些接受過筆者教導的學生感到困擾,接受過類似尼撒的貴格利

（Gregory of Nyssa）和凱撒利亞的巴西流（Basil of Caesarea）教導的弟兄也同樣感到困擾。但是，保羅一貫的原則都不是要令基督徒感到舒適，他根本不在乎他所說的話或所行的事是否令人感到舒服。因此，問題應該是「新約信徒從哪裏得到他們神學上和倫理上的知識？」其顯而易見的答案是「舊約書卷」。聖經大約有 70% 都是舊約書卷，而大部分自稱「聖經教會」或「忠於聖經的教會」，卻甚少在主日學或講壇上反思這一點。每個主日，究竟全球教會的講道當中，有多少是講解舊約書卷的呢？即使有，也可能只是口頭上說說而已。我們不能武斷地說教會要每隔多少日子就宣講舊約書卷 1 次，但我敢說我們離開保羅的理想甚遠。教會普遍忽視神學和道德規範。藉著正確地詮釋保羅在提摩太後書三章這段經文，我們就應該重新修正講壇的事奉和主日學的課程。我們不一定能重新建構保羅當時的情況並盡量達成保羅當時的要求，但我們至少也不應該離開他的理想這樣遠。

根據上述的釋經，另一個反思的議題是保羅提醒別人時採用的修辭技巧。我們必須認真思考保羅吩咐提摩太要提醒教會的事情。基督教學術界應該探討這些課題，而教會領袖和主日講壇的宣講者，也應該熟悉這些課題，因為這些課題是使教會能夠保存下來的重要因素。就如筆者在各地的華人教會所見，許多主日講壇都沒有提到這些課題，而很多基督徒學者和宣講者都沒有探討和認識這些課題。相反地，他們宣講著一成不變而又古板的福音內容，這完全不符合保羅的標準。事實上，所有基督徒都必須反思這一點！

假如讀者覺得在此之前的經文沒有清楚說明保羅是怎樣處理危機的話，這大段 經文的解說應十分清楚了。保羅訴諸傳統，這傳統是提摩太要精通、理解和教導的。由此可見，羣體身分不再連繫於保羅和提摩太，而是使徒的傳統，或更清晰地說，是耶穌的傳統。保羅看見兩個層面的危機。第一，有假教師正在教會進行破壞（二 17）。保羅以嚴詞直斥這些假教師所宣講的如同毒瘡（二 17），這象徵著他們可以破壞身體的血液供應，造成致命的傷害。第二，這一點與第一點有關，就是教會正面臨衰敗。保羅在此關注的是不穩固的教義根基，這說明教會應該成為守住真理的神聖的地方。

保羅不只在危機處理的策略中訴諸提摩太所傳承的傳統，他也論到塑造提摩太宗教身分的羣眾（二10～15）。提摩太的家庭背景及他之前參與保羅的事工的經歷，成為他處理當下危機的基礎。提摩太遇見保羅之前，已經知道保羅在亞細亞的事工，表示他很熟悉保羅的故事，也表示他與亞細亞的信仰羣體有密切關係。保羅要提摩太回想這一切，讓他在危機當中剛強起來。

保羅肯定不怕在帝國統治下困苦地生活。在反思他們所面對的後殖民和反帝國處境之時，我們應該留心，假如基督徒無法實行彌賽亞信仰，基督教就會惹人閒話，最終基督徒會受逼迫。保羅冒著那些有著外邦人名字的假教師（即許米乃和腓理徒）出去撒播關於這個彌賽亞信仰的謠言的危險，仍要以最強烈的用詞駁斥假教義。當保羅如此行之時，他和他的羣體是得不到法律保障的。然而，保羅並沒有在他的修辭上作出妥協。他在最嚴苛的情況下仍持守真理。大部分人忽略了保羅的後殖民主義環境，因而沒有察覺到他為真理冒上很大的危險。假如他得罪了不應得罪的恩庇者或有權勢的人士，整個教會都會遭殃。然而，他仍堅守真理，他也吩咐提摩太要如此行。

釋經短註

❶ 有關奈特（George W. Knight）對二章19節的詮釋，可參 George W. Knight, *The Pastoral Epistles: A Commentary on the Greek Text* (Grand Rapids, MI: Eerdmans, 1992), 414。

❷ 施賴納（Thomas R. Schreiner）、斯特格曼（Thomas D. Stegman）及賴特（N.T. Wright）這3位學者都支持22節的「公義」是指道德上的義。我們甚少會見到上述3位學者意見一致。賴特尤其肯定審判不只是涉及過去，也有現在及將來的層面。但筆者認為保羅較則重過去的層面，雖然這3個層面都曾出現在保羅的書信中。參 Thomas R. Schreiner, *Paul, Apostle of God's Glory in Christ: A Pauline Theology* (Downers Grove, IL: IVP, 2001), 205, 209；Thomas D. Stegman, "Paul's Use of Dikaio-Terminology," *Theological Studies* 72 (2011): 500～504；N.T. Wright, "Justification," *JETS* 54 (2011): 49～63。

❸ 告魯雅（W. Hulitt Gloer）對保羅在三章1節

提及「末世」的觀點，可參 W. Hulitt Gloer, *1 & 2 Timothy - Titus: Smyth & Helwys Bible Commentary* (Macon, GA: Smyth and Helwys, 2010), 269。

❹ 有關昆爾（Jerome D. Quinn）和韋嘉（William C. Wacker）對三章5至7節的清單的討論，可參 Jerome D. Quinn & William C. Wacker, *The First and Second Letters to Timothy: A New Translation with Notes and Commentary* (Grand Rapids, MI: Eerdmans, 2000), 715；另有奈特（George W. Knight）的看法，可參 George W. Knight, *The Faithful Sayings in the Pastoral Letter* (Kampen: J.H. Kok, 1968), 430。

❺ 昆爾和韋嘉認為三章2至3節列出的清單是沒有任何次序的；另有關與上帝建立羣體關係的應有品格，可參 Quinn & Wacker, *The First and Second Timothy*, 716。

❻ 有關昆爾和韋嘉的言論，可參 Quinn & Wacker, *The First and Second Timothy*, 721。

❼ 三章12節的「敬虔」是一個副詞，在新約書卷只出現過兩次，另一次是在提多書二章12節。有關「敬虔」在新約時代更多的含意，可參曾思瀚：《僕人領袖的教導與領導——提多書、提摩太前書析讀》，曾景恒譯（香港：基道出版社，2013），頁51～52、72。

❽ 有關神學家以三章16節所指的「聖經」是為證明新約書卷是上帝的話語這方面的討論，筆者就以擁有新約聖經博士學位的格魯登（Wayne A. Grudem）為例子作討論。筆者驚訝他以三章15至17節作支持的經文（proof text），證明聖經的充足性，並以此攻擊羅馬天主教傳統。對於三章15至17節所包括的意思（或所規限的），至今其實仍沒有令人滿意的討論。我特別提及他的惟一原因，是因為很多華人神學院依然使用這本書作神學科的課本（可能因為它已有中文譯本），這是可悲的事。他的聖經觀可能也有其根據，但他對提摩太後書三章15至17節的處理方式，正好說明了我們「不」應該怎樣去詮釋保羅的話。就提摩太的事奉而言，這幾節經文極其量只能展示出如何應用舊約聖經，而不是討論舊約的充足性。參 Wayne A. Grudem, *Systematic Theology: An Introduction to Biblical Doctrine* (Leicester: IVP, 1994), 35, 127。

❾ 告魯雅（W. Hulitt Gloer）說：「沒有嘗試解釋這個默示是怎樣發生的……連保羅也不敢嘗試解釋這個奧祕。」參 Gloer, *1 & 2 Timothy — Titus*, 292。理雅（Thomas D. Lea）等人也曾提供一段關於聖經無誤論和默示的長篇附記，這反映了90年代美國福音派的恐慌。事實上，這些問題偏離了保羅給提摩太的書信的原意。這經文並不是為了討論這類神學（或哲學）議題的。學者的相關討論，可參 Thomas D. Lea, Hayne P. Griffin Jr., *1, 2 Timothy, Titus: An Exegetical and Theological Exposition of Holy Scripture* (Nashville, TN: Broadman, 1992), 238～241。

❿ 有關比爾（Gregory K. Beale）的言論，可

參 Gregory K. Beale, *A New Testament Biblical Theology: the Unfolding of the Old Testament in the New* (Grand Rapids, MI: Baker Academic, 2011), 233。

⓫ 杜梅（Jay Twomey）對三章 16 節的一些看法，可參 Jay Twomey, *The Pastoral Epistles Through the Centuries* (Maiden, MA: Wiley-Blackwell, 2009), 161。

溫習及思考問題

1. 在這部分的經文裏，保羅使用了多少個命令語氣動詞？他如此的修辭表達，為要帶出甚麼信息？這段經文出現了多少個與「爭辯」這詞有關的詞彙，它們的意思有何異同？
2. 保羅吩咐提摩太「不可在言詞上爭辯」是甚麼意思？在保羅的理念中，在甚麼情況下他可以與人辯論，甚麼情況下不可以？你的教會有沒有出現「爭辯」？你如何面對？保羅的教導對你有何提醒？
3. 保羅提醒提摩太在教導上應持甚麼態度？甚麼事情是提摩太要竭力去做的？甚麼事情是他要逃避的？你的事奉有哪方面是與提摩太相似的？
4. 為何「經得起考驗」的事奉才是上帝所喜悅的事奉？怎樣才算是保羅眼中的「無愧的工人」？「空談」與「真理的話」之間有何不同（二15）？
5. 「毒瘡」與「許米乃和腓理徒」有何關連？他倆在教會內做了甚麼事（或比喻甚麼），以致保羅要點名提及他們？你的教會有沒有出現類似的人物？
6. 「大戶人家」的器皿代表甚麼？「卑賤」及「貴重」這些詞彙與希羅時代的榮辱觀有何關係（二20～21）？「成為聖潔」和「預備行各樣的善事」指甚麼？
7. 保羅勸勉提摩太要逃避及追求甚麼？保羅所說的道德上及教義上的罪行是指甚麼？它們有何特徵？
8. 保羅是如何將耶穌的傳統傳承下去的？保羅認為要以溫柔對待那些受到假教義影響的信徒，為甚麼？
9. 保羅在三章15至16節把複數（即神聖的著作）與單數（即聖經）詞彙混合使用，究竟有何目的？今日教會應怎樣宣講才合乎保羅的要求？
10. 於保羅看來，「教導」還是「爭論」更適合用來處理教義的問題？
11. 這大段經文如何將後殖民的危機呈現出來？保羅處於一個怎樣的危機？他的生命受著怎樣的威脅？

第六章

最後的講章

（四1～8）

- 保羅的囑咐
- 保羅首5個吩咐
- 保羅第六至九個吩咐

經文

4 1我在上帝面前，並在將來審判活人死人的基督耶穌面前，憑著祂
的顯現和祂的國度鄭重地勸戒你：2務要傳道；無論得時不得時總
要專心，並以百般的忍耐和各樣的教導責備人，警戒人，勸勉人。3因
為時候將到，那時人會厭煩健全的教導，耳朵發癢，就隨心所欲地增
添好些教師，4並且掩耳不聽真理，偏向無稽的傳說。5至於你，凡事
要謹慎，忍受苦難，做傳福音的工作，盡你的職分。6至於我，我已經
被澆獻，離世的時候到了。7那美好的仗我已經打過了，當跑的路我已
經跑盡了，該信的道我已經守住了。8從此以後，有公義的冠冕為我存
留，就是按著公義審判的主到了那日要賜給我的；不但賜給我，也賜
給凡愛慕他顯現的人。

四章1至8節是保羅在此書卷最後的一段教導，這段教導的言詞比上文更嚴厲。在這段落的開首，保羅用類似法庭使用的言詞來表達他這段說話的鄭重性（1節），然後他帶出9個囑咐。這9個囑咐可以分為兩組。第一至五個囑咐為第一組（2～4節），第五至九個囑咐為另一組（5～8節）。這9個囑咐以簡短、斷續的句子形式出現，表明了保羅在結束書信前仍感到有些迫在眉睫的事要提及。同樣地，保羅以9個命令語氣動詞來表達這些囑咐：

- 「傳」（*kēruxon*；2節）；
- 「專心」（*epistēthi*；2節）；
- 「責備」（*elegxon*；2節）；
- 「警戒」（*epitimēson*；2節）；
- 「勸勉」（*parakaleson*；2節）；
- 「謹慎」（*nēphe*；5節）；
- 「忍受苦難」（*kakopathēson*；5節）；
- 「做」（*poiēson*；5節）；
- 「盡」（*plērophorēson*；5節）。

6.1 保羅的囑咐（四1）

「鄭重地勸誡」包含著「起誓」的意思，是一個法庭上用的詞。

保羅在四章1節以「**鄭重地勸誡**」（*diamarturomai*）這動詞作開始，表示新段落的開始。這動詞同時也表達出他接著來的話（或討論的內容）是很凝重的。不但凝重，而且是嚴肅的，因為他用了3句短語來修飾「勸誡」這動詞：「在上帝面前」（*enōpion tou theou*）、「在將來審判活人死人的基督耶穌面前」（*Christou Iēsou tou mellontos krinein zōntas kai nekrous*）、「憑著他的顯現和他的國度」（*tēn epiphaeian autou kai tēn basileian autou*）。這個極度嚴肅的囑咐會促使提摩太毫不猶疑地聽從保羅的吩咐。這 3 個短句都指向終末的議題，那是他心目中看為最高層次的倫理。保羅使用這麼緊密的短語，完全是源自當時的教會傳統。這 3 句短語所帶出的意思是：

- 「在上帝面前」：保羅首先訴諸上帝和基督耶穌的同在。昆爾和韋嘉把這短語譯作「當父上帝看著時……」。「在上帝面前」這短語曾出現於二章 14 節，保羅執筆之時必定留意到自己曾經寫過的內容。這短語一方面表達了上帝正在看著提摩太事奉，另方面也表示保羅接著來的囑咐，實實在在是保羅對提摩太的要求，並且有上帝作見證。
- 「在將來審判活人死人的基督耶穌面前」：這短語是描述耶穌在將來會施行的審判。這種終末的世界觀肯定是與基督耶穌最後的審判有關。1 節的詞彙往往用來描述基督的再來（參提前六 14；多一 3）。「定罪」可以形容人的審判，就如在法庭裏或在法律－道德（legal-moral）的情況中（參提前五 12）。然而，這裏的「審判」是指上帝在天上的審判，審判的對象是「活人死人」。
- 「憑著祂的顯現和祂的國度」：保羅指出這審判就是最後的審判。

細心的讀者會留意到保羅在此出現了這種「已然又未然」（"already but not yet"）的終末觀。「上帝的同在」現已實現，而基督的審判卻是將來的事。保羅對終末觀有這樣的理解，是基於一個指向將來終末國度的敘事，而這國度在提摩太事奉的那刻亦已經來到，所以保羅以此提醒提摩太（或上帝任何一個僕人）要忠心事奉。保羅所用的言詞就像一次訴訟，他要求那終末的審判為他的訴訟作見證。基本上，保羅是在鼓勵提摩太去做正確的事，而且在他執筆之際，就已經把終末的事帶到現世。

6.2 保羅首 5 個吩咐（四 2～4）

分段大綱（四 2～4）

一、首 5 個吩咐的內容（四 2）
二、保羅作這些吩咐的原因（四 3～4）
　1. 他們討厭接受教導（四 3 上）
　2. 他們自立教師（四 3 下）
　3. 他們愛無稽的話（四 4）

6.2.1 首 5 個吩咐的內容（四 2）

保羅第一個囑咐是要提摩太「務要傳道」（*kēruxon ton logon*；「傳」是以命令語氣表達，可直譯為「你要傳那話語」）。這表示提摩太有權柄去傳上帝的話。保羅曾提醒提摩太要專注於那要傳的信息（二 1～7）。「傳」（*kēruxon*）這動詞是用來描述希羅時代那些報信者的。不過，保羅要傳遞的信息的內容，有別於尼祿宣傳的信息。韋特寧頓視這裏的報信者為一個隱喻，將它理解為保羅對外邦人福音事工的實現與高潮。「道」以單數名詞表達，表示所傳的信息是單一且正統的。這個單數的、真確的話語有別於假教義的虛假的話語。就如施賴納說：「傳道的呼召十分迫切，因為假教師正在作工。」

保羅第二個吩咐是「無論得時不得時總要專心」。這裏出現另一個命令語氣動詞「總要專心」（*epistēthi*；原文可直譯為「要作好準備」，參「新漢語譯本」）。保羅的意思大概是隨時作好準備，並且以任何方式去完成工作。「無論得時不得時」意味著，無論是傳道還是推展事工，總有順利及不順利的時候。保羅是一個務實的人，他不會只要求提摩太事奉，而不說出事奉路途上所要面對的正、負兩面事情。或許提摩太經歷過事奉「得時」的光景，但現時是「不得時」的時刻，而且到一個地步，是沒有比現在更差的光景。逼迫的事不單已迫近保羅，也迫近提摩太。

保羅第三個吩咐是要作「責備」。「責備」（*elegxon*）是另一個命令語氣動詞。三章 16 節曾出現「責備」這名詞（*elegmon*；與四章 2 節的動詞字根相同）。這詞多用來指糾正錯誤。根據保羅在提摩太後書使用這詞的情況，「各樣的教導」是指上帝的話，尤其是舊約書卷。

保羅第四個吩咐是「警戒人」。這個詞彙與「責備」同義。既然同義，為何保羅要再多說一遍呢？其實兩者是有些微分別的。「責備」是指提摩太要先拿出論證，然後將錯誤的地方展示出來；而「警戒」是指提摩太要將錯處宣告出來。保羅這兩個吩咐出現的先後次序，是十分合理的：「責備」可能涉及邏輯上的論證，當論證充足，便可以作出「警戒」。這樣的次序同樣反映出一個領袖糾正錯誤的次序。當領袖要嚴厲斥責錯誤之前，理應要有合理的理據。但是，若果糾正是合理的，領袖必須無懼於嚴厲的斥責。

保羅第五個吩咐是「勸勉人」。它的意思是指幫助那些灰心或懶惰的人。保羅在羅馬書十二章 1 節以這詞彙指出，信徒應對他的宣講作出恰當的回應(一～十一章)。換言之,「勸勉」是向那些對提摩太的宣講沒有回應的人發出的。對保羅來說,「傳道」和「教導」並不只關乎資料的傳遞或品德的教育,雖然兩者都十分重要。保羅最終的目的是要改變人的內心,這樣才可以改變人的行為。因此,「傳道」和「教導」顯然不是一件容易的工作,因為那需要「百般的忍耐」(意思是長期受苦,並且是帶著耐性和寬容的)和「各樣的教導」。「忍耐」(*makrothumia*)和「教導」(*didachē*)是這節經文的主要名詞,它是用來修飾這節經文的所有命令語氣動詞(即描述施行動的態度),但最合理的解釋是用來修飾「勸勉」這動詞。這似乎是用來描述教師的最基本資格的典型詞彙(參多一9)。保羅吩咐提摩太要「忍耐」,因為在教導之時,受眾不一定會即時回應。他們大多都可能無法即時完全明白所聽到的教導,而這正是教導者需要用耐心教導的原因。對教會內那些真心接受真理的人而言,提摩太需的教導要十分紮實,但同時亦要以溫柔的態度,循循善誘作教導。不過這種教導只限於真正的信徒,不包括假教師。接下來,保羅要解釋談及吩咐的原因。

6.2.2 保羅作這吩些咐的原因(四3～4)

保羅作出如此吩咐,原因十分簡單。提摩太需要努力不懈教導並實踐與它相關的事工,並不是因為那是常見的做法(否則他也不需要如此嚴厲)。保羅在此似乎要表示,在這刻和可見的將來,提摩太在教導的事工上將會面對很大的困難。保羅描述人將會對真理的話語抱如下態度:

6.2.2.1 他們討厭接受教導（四 3 上）

「健全的教導」（*hugiainousēs didaskalias*；可譯作「健康的教導」）中的「教導」以單數名詞表達，表示即使有舊約書卷和耶穌的敘事，並且可能對之作出不同的詮釋，但只有那種能給教會整體帶來健康生命的道理，才值得聆聽。我們很容易把「健全的教導」應用在個人信仰的健康成長上，但保羅所指的健康，似乎是指向基督身體這個羣體。教會是否有「健全的教導」，全在乎它的整體是否能健康地成長。

6.2.2.2 他們自立教師（四 3 下）

「耳朵發癢」是一個十分生動的隱喻。當人的「耳朵發癢」，就必須搔搔耳朵，才可以得到舒緩。換言之，要使發癢的耳朵得以舒緩，必須使它感到舒服。這些受眾並不是為了追求真理，而是為了追求舒適。因著貪戀舒適，他們便為自己「增添好些教師」以滿足自己，這些「教師」極可能就是假教師。與其接受難以接受的真理，保羅指出，將來的受眾只喜歡聽那些討他們喜悅的人的話，這些人就成為他們的「教師」。杜梅進一步稱那些假教師致力為「耳朵發癢」的受眾「提供娛樂」。

6.2.2.3 他們愛無稽的話（四 4）

保羅指他們不但不聽真道，而且「偏向無稽的傳說」。保羅所指的「真理」（*tēs alētheias*）就是指那些「無愧的工人」所傳講的「按著正意講解**真理的話**」（二 15）。因此，「掩耳不聽真理」可以說是不會再聽任何教導「真理」的老師所說的話，而聽那些沒有事實根據的故事，這些故事只是一些傳說，甚至可能已扭曲了舊約書卷和耶穌敘事的內容。若將這節經文連接到 2 節，那麼提摩太

二章 15 節「真理的話」的原文與四章 4 節的「真理」相同。

的教導事工將會遇到相當的困難，但他所作的並不徒然。然而，他必須繼續下去。接著，保羅另作囑咐，為要教導提摩太在這段困難的日子中當怎樣生活。

6.3 保羅第六至九個吩咐（四 5～8）

分段大綱（四 5～8）

一、保羅繼續他的吩咐（四 5 上）
二、保羅吩咐的內容（四 5 下）
三、保羅作這些吩咐的原因（四 6～8）
  1. 以隱喻及借用詞彙描述他的境況（四 6）
  2. 以活潑的用詞描述他的境況（四 7）
  3. 保羅談論他的賞賜（四 8）

6.3.1 保羅繼續他的吩咐（四 5 上）

5 節是以「至於你」（*zu de*；可直譯作「但你」）開始，這連接詞短語在提摩太後書並不陌生（參三 10、14）。保羅以此連接詞短語繼續他接下來的囑咐。當使用這短語，表示它的前文是與下文的內容作對比的。三章 10、14 節是提摩太與邪惡的假教師作對比，四章 5 節則是提摩太與那些教導令人感到舒適的事的人（亦可以指假教師）作對比。雖然這兩個對比所針對的都是假教師，但所針對的重點各有不同。三章 10、14 節的重點針對假教師假裝教導真理；❶ 但提摩太才是真正的教師，他不只認識真理，也教導真理。四章 5 節的重點是反對聽眾在不安之際追求舒適；提摩太要無視「舒適」的環境，在危機中活出領袖應有的生活方式。因此，這 4 個吩咐完美地配合了保羅的吩咐。

6.3.2 保羅吩咐的內容（四 5 下）

「任何情況之下」或「凡事」這兩個翻譯都可以是保羅的意思。

第一個關乎生活方式的吩咐是凡事「謹慎」（*nēphe*）。「謹慎」之後有一個介詞短語「凡事」（*en pasin*；原文可譯作「在所有情況」），而「謹慎」是以現在時態命令語氣表達，整句短句的意思大概是「**任何情況之下〔或凡事〕**都要保持清醒」。無論這裏的重點是「在所有情況」還是「在所有事上」，這個吩咐也成立，尤其在惡劣如提摩太的情況下，那些假教師和「廉價福音的推銷員」正橫行無道。在提摩太的時代，保羅看自己的吩咐是適用於所有情況下的所有真理教師的。這些敗壞的假教師同樣會趁著提摩太落在困擾或沮喪之時蒙蔽他。保羅吩咐提摩太不要被他們的假教導和生活方式絆倒，卻要持守他本身的生活方式，在事奉中保持清醒。

第二個吩咐是「忍受苦難」。這個動詞是指「在困苦的日子要忍耐」。從用詞中可以看見保羅是很務實的。假如從保羅吩咐提摩太要行的事中，選擇最適合的一個行動以回應保羅的吩咐，那麼「忍受苦難」就最適合不過了。提摩太不可以在困難的日子逃走，也不可與之妥協，卻要忍耐到底。保羅說明了基督徒領袖的生活並不總是優越或輕省的。

第三個吩咐是「做傳福音的工作」（*ergon poiēson euaggelistou*；5 節），要留意保羅這裏並不只是指傳福音，而是按字義所說的做一種工作。這是一件困苦的工作。保羅表明，即使做傳福音的工作會帶來危險，提摩太也要做這傳道的工作。這肯定要冒極大的險，尤其是提摩太知道他的師傅保羅，為了福音的緣故而被囚（一8）。

第四個吩咐是「盡你的職分」（*tēn diakonian sou plērophorēson*；可譯作「完美地執行你的事奉」）。「職分」一詞可以用來描述僕人的工作。這可能不是滿有魅力的工作，但提摩太還是要努力執行，臻至完美。在一般情況下，提摩太的事奉必定會面對很大的壓力；如今在這嚴峻的情況下，他的壓力必定更大。然而，保羅期望提摩太完美地履行他的職事。保羅這樣說的惟一理由是根據「耶穌是主」這個觀念，因為他是所有僕人的主。保羅使用了描述家戶中僕人的詞彙，以此提醒提摩太的信仰羣體，他們是一家人，以耶穌為一家之主。提摩太最終並不是服事保羅，也不僅是服事他的羣體，而是服事主耶穌。

6.3.3 保羅作這些吩咐的原因（四6～8）

接著，保羅告訴提摩太要認真地遵行這些吩咐的原因。到了講論的最後部分，保羅以自己的「見證分享」來説明這些吩咐的原因。6節上是以「至於我」（*egō gar*）作開始，然後才有「我被澆獻」這動詞。因此，這裏出現兩個「我」字，是為了強調這「我」。另外，6節的「至於我」與5節的「至於你」形成了一個對比，表示一個受人敬重的典範保羅，與提摩太的職責形成對比。換言之，保羅的意思是：「我已經好好活出我的生命了，但你必須繼續努力。但是，如果提摩太你願意效法我保羅，你同樣也可以好好活出你的生命。」保羅的這個分享可以依次分作3個部分作討論。

6.3.3.1 以隱喻及借用詞彙描述他的境況（四 6）

保羅用了兩個詞彙來描述他將要去世的境況，一個是隱喻——「澆奠」，另一個則轉化了當時一個普遍詞彙「離開」。

一、「被澆獻」

在保羅的世界裏，奠酒往往是在喝酒前或吃飯後行的宗教儀式。

「**被澆獻**」（*spendomai*）這動詞的原文是以現在時態被動語態表達，表示他不但指到他當時的狀況，也指這情況就是生命的結局——如祭般被獻上。這個詞彙的名詞及動詞也出現在「七十士譯本」（參創三十五 14；出二十五 29；民四 7 等）。保羅以被動語態動詞表達，表示他看見有人在獻奠祭，而保羅就是那被獻上的祭物。有些人認為是尼祿將保羅的生命作澆奠，持這觀點的人是把保羅的隱喻理解為形容他當時所面對的生命危險；亦有人人認為是上帝在作澆奠，持這觀點的人則把保羅的隱喻理解為他整個事奉的總結。

二、「離世」

「離世」（*tēs analuseōs*）這詞的原文與「離開」（*analuō*）的字根相同。這動詞在舊約次經「七十士譯本」共出現 18 次，都是指「離開」或「從⋯⋯回來」，沒有帶著去世的意思。它的名詞在新約書卷只出現 1 次，而動詞卻出現了 2 次（路十二 36；腓一 23），其中腓立比書所載的是指離開世界。從這詞的使用方式可見，保羅極可能首先將這個原本只有「離開」意思的詞轉化為帶著「離世」的意思，甚至可以說這不是指普通的離開世界，而是基督徒的「離世」。昆爾和韋嘉留意到這個詞彙亦多用來描述航海的境況，形容船隻鬆錨揚帆離開岸邊。保羅使用這詞，可能要帶出一個信息：信徒的生命是一趟旅程。

因此，保羅之所以使用「被澆獻」這詞彙，是因為他認為生命就像一個敬拜的儀式，而最後要經過一個祭禮(如澆奠禮)。而這也是一趟旅程，當保羅用「離世」這詞彙，便反映了他整個生命的狀況。他終有一天要離開這地方，但這不是終結，他還有另一個目的地。就這情況看來，提摩太要承擔保羅在地上事奉的責任，並且要跟隨保羅的世界觀。

6.3.3.2 以活潑的用詞描述他的境況(四 7)

在這節經文中，保羅借用了非常有動感的希臘詞彙，來形容他過去事奉的努力及將來所得到的獎賞。這包括：拳手、跑手，以及管家。這些隱喻分別表達了保羅在不同層面的事奉。保羅論到搏擊的拳手、賽跑的跑手和持守忠信的管家。

- 「打過」(*ēgōnismai*)：保羅以搏擊的拳手形容他投入事奉的程度。在他的時代，拳擊比賽是沒有太多規則的，總之盡最大努力取勝就是了。有些解經家根據二章 4 節當兵的隱喻(以及根據中文和英文聖經的翻譯)而將這「打過」詮釋為與打仗有關，但須留意的是，兩者在希臘文的寫法是不同的。在這裏，「仗」(*agōna*；原文可直譯「搏鬥」)這個詞彙的原文清楚表示那是一種搏擊行為，而二章 4 節及**提摩太前書一章 18 節**所使用的明顯是軍事用語。在體能上不合資格或沒有鬥心的人是不適合參加這項運動的。

提摩太前書一章 18 節「打……仗」(strateuē)的原文是一個獨立的動詞，而不是一個短句。

- 「跑盡」(*teteleka*)：這隱喻形容一個跑手的耐力。「跑的路」(*dromon*)原文是指「比賽」。從保羅過去事奉的處境看，他明顯不是參加「短跑」，而是參加馬拉松式的「長跑」。古代的長跑比賽極可能有 8,000 米長。

原文沒有「的道」這名詞。大部分中文譯本都譯多了。

- 「守住」(*tetērēka*):這隱喻表示一個管家要持守忠信。「**信**」(*tēn pistin*)在這裏並不是指信仰,而是指代表著使徒傳統的信仰體系。昆爾和韋嘉選擇按著運動員持守比賽要求及遵守規則的誓言,來理解「守住了」所「信」的。假如要持守純全的信仰,管家就要確保正確地傳遞信息,這樣才可以給別人帶來好處。畢竟,所有一家之主都不會喜歡不負責任、不為家庭設想的管家。管家的職責是要忠於主人,為家庭帶來好處;如此,主人的目標就成為管家的目標。

圖片刻劃了羅馬人搏擊的情況

在類似這些「耳朵發癢」、「隨心所欲地增添好些教師」的時代裏,保羅要求提摩太努力為真理搏鬥,堅忍地跑在那長跑的路上,並忠心地傳遞對教會有益的信息。

6.3.3.3 保羅談論他的賞賜(四 8)

7 節的「打過」、「跑盡」、「守住」這 3 個動詞的希臘文都是以完成時態表達。這完成時態雖然是指一個已完成的行動,但這行動現在仍發揮著影響力,它帶來的結果仍然存在。因此,當保羅在8節提及將來發生的事之時,這些將來的事也是他過去「打」、「跑」、「守」的結果。在這裏他提到有「公義的冠冕」(*tēs dikaiosunēs stephanos*),這可能意味著他是因活出「公義」的生命而獲得這「冠冕」,但亦可以指他是因著基督的犧牲而獲賜予「公義的冠冕」。前者把「公義」理解為信徒的德行,而「冠冕」是信徒因願意活出信仰的要求而得的結果;後者把「公義」理解為稱義的基礎,而堅守信仰的信徒最後得到冠冕。無論所指的是甚麼,「冠冕」這隱喻是連接著上文提及的3個運動的隱喻所指涉的事情。保羅講及的「公義」,肯定不是指人因行為而得的義,或人類所指的正義。他所談論的完全是另一個範疇的事,而這範疇與那些依然從狹隘的稱義觀看保羅的人所認為的,截然不同。筆者並不是要抨擊改革宗信仰基礎中的稱義觀這重要教義,而是要批評近年由激進改革宗分子發起的一些激烈爭論。這些爭論的內容主要是攻擊任何對保羅神學的稱義觀有不同想法的人。從近年將研究的焦點放在不同方法論的討論看,保羅神學仍有許多討論的空間,確實未能到蓋棺定論的階段。

保羅在這裏不是從羣體而是從個人的角度看上帝救恩歷史的敘事,並以此來詮釋他的境況,因為他接下來所解釋的「賞賜」,已說明這樣的「冠冕」是賜予「凡愛慕他【指彌賽亞】顯現的人」。有某些教父,如米蘭的安波羅修(Ambrose of Milan),認為這些運動比賽所強調的,是人與人之間的競爭,但保羅在這裏似乎是提到所有信徒都能夠得到賞賜,因此這樣的詮釋站不住腳。保羅只是借用隱喻所帶出的「打過」、「跑盡」、「守住」這些措詞,以陳述事奉的本質。嚴格來說,保羅並非從神學角度探討「賞賜」(或稱「賞賜神學」)的問題,他最大的目的就是要讓提摩太看見一個願景,從而鼓勵他面對困難。保羅在這段落所建構的一連串重要敍事，實質上是在重述上帝在個人和應用層面裏的歷史故事。我們留意到保羅大膽地稱耶穌為主——而不是凱撒，完全因為他已經在監獄裏並且等待著死亡，他已一無所有，所以再沒有可失去的東西了。雖然他將要在凱撒的法庭上受審，但保羅最終要在真實和公義的法官——耶穌——面前受審。保羅期望把這個主要的信息（不是因行為稱義）傳遞給提摩太和他的信仰羣體。保羅希望提摩太將生命投資在重要的事情上，並且按著惟一的法官——主耶穌——的教導過生活。保羅在此沒有直接提到死亡，因為基督早已勝過死亡了。就著這情況來看，保羅更像一個得勝者，而不是受害者；他寫給提摩太的敍事更像是一個榮耀、而不是羞恥的故事。在此保羅急切要處理的是，提摩太到底會相信一個帝國的敍事——即欺壓基督徒的敍事，抑或上帝的敍事——即藉著基督釋放基督徒的敍事。若提摩太選擇後者，他將不再畏於作領袖，而周遭的環境即使如何惡劣，也無法牽制或困鎖著他。

研讀保羅這樣強而有力的離別講論之時，若稍為停下來思考羅馬人是怎樣面對死亡，就會發現到，保羅在給提摩太的言論中所使用的修辭技巧是如此與別不同。巴頓（Stephen C. Barton）在一篇文章裏精細地總結了羅馬人面對死亡的特徵。羅馬人認為死亡是十分沉重的，他們甚至會為一個已死的人哀悼一年之久，而這是崇高的行為。家庭裏地位較低的人去世，哀悼的日子會較短。然而，死亡對羅馬人來說，是不可知的事。他們亦沒有系統地教導人關於另一個世界的事，因此，死亡成為對人的道德品格的一種測試。隨著哀悼而來的是勇氣和剛毅，因為活著的人同樣有一天要面對死亡。由於缺乏對死後世界的知識，有人會為死亡哀傷，但有人可能有另些情緒反應，這些不同反應彼此之間可能會產生明顯的張力。再者，不同的人亦會對這些不同反應有不同的理解，這些差異是源於他們背後的不同哲學理念。❷ 保羅沒有因自己即將面臨死亡而表示哀傷，反而勸告提摩太堅持下去。從羅馬人的角度看，保羅不感哀傷似乎是因為他擁有羅馬男性的勇氣，因為他們認為哀傷是婆婆媽媽的事。不過，保羅之所以有這樣的反應，是因為他知道自己所信的是誰，也知道他要往哪裏去。另外，提摩太同樣也知道自己所信的是誰，並知道保羅要往哪裏去。這個鮮明的對比反映了他們對死後生命的肯定，而這也是基督教傳統的教導。

信仰反省

保羅對真理的應用可說十分廣闊。就如上文所提及的，牧養工作的焦點只放在講台上的宣講，又或講員宣講時只集中在自己當前面對的事情上，是不正確的。保羅是有邏輯地組織他的所有囑咐的，因此詮釋他這段經文之時，不能斷章取義，而要按著他的邏輯來看他的信息。保羅給提摩太的這兩組囑咐，對身處不同時代的那些面對著嚴峻挑戰的教會領袖來說，都是適切的，尤其是在充滿著不明確事情的時代裏。保羅對提摩太的兩組囑咐，邏輯上似乎是在批判那些過於強調宣講或過於強調信仰生活的人，因為第一個組別的囑咐是與宣講有關，第二個組別的囑咐則是與生活方式有關。在危機中作領導的，必須同時強調對真理的理解，並有活出真理的能力。

第一組別的囑咐帶來的反省

從第一個組別的囑咐看，保羅把宣講放於首位，尤其是使用舊約作宣講。宣講亦會引發對話，這些對話可以糾正錯誤的真理觀和對真理的誤解。糾正過後，提摩太繼而教訓那些不重視真理的人，並鼓勵那些沒有力量按真理行事的人。今天華人教會確實十分需要學習這種溝通模式和過程，尤其是要學習與那些在動盪不安的社會中高呼「平安了、平安了」的教會領袖溝通。華人教會的領袖需要學習一種雙向的溝通模式，原因有兩個：第一，他們可以只作宣講，卻沒有花時間去澄清和糾正錯誤或誤解。有部分人為了強調和諧及合一，甚至在大是大非的事情上保持中立。有些採取這進路的人更進一步強調愛和包容，而迴避教訓、斥責與勸勉的責任。第二，他們可以理直氣壯地斥責人，卻沒有合理地解釋他們的立場或是澄清信徒的誤解。採取第一個進路的人是迴避責任，而採取第二個進路的人則沒有考慮到事情是否合理，就以嚴詞斥責。保羅囑咐提摩太要跟隨2節的步驟。他不想提摩太或將來有任何領袖是可以不經思考就與人對質的，又或是迴避所有的對質。面對假教義和煽動者，對質是必須的，但是對質的態度與對質本身同樣重要。惡勢力的蔓延往往是因為傑出的領袖沒能好好處理這些事情。

保羅的討論表明了教會領袖要有帶領眾人的資格：第一，領袖必須熟悉真理。第二，領袖應該有良好的溝通技巧。第三，領袖必須有智慧，知道要對抗和避免的是哪些事情。第四，領袖應該有牧者心腸，才能明白和關心他的聽眾。這些資格在處理教會危機時尤為重要。

第二組別的囑咐帶來的反省

第二個組別的吩咐同樣十分適切身處危機之中的領袖。它更關乎類似提摩太這類傑出領袖，在教會面對危機時必須選擇的那種生活方式。提摩太要選擇的生活方式並不容易：他不只要保持清醒，也要與非信徒接觸。保羅提到提摩太要做傳道的工夫。保羅的意思不可以套用在現代人對大型佈道會的理解上，其實這種佈道方式在某程度上扭曲了佈道背後的真正意義。保羅所指的是，提摩太不但要熟悉福音，也要教導和分享這福音。保羅假設了提摩太是與非信徒有接觸的，因此，提摩太的領袖職責也包括要在生活上影響非信徒。對今天的教會來說，教會結構促使領袖不再需要與不信的世界接觸（事實上，在某些情況下，他們不再渴望如此）。他們整個生活圈子都是基督徒。結果，教會領袖接觸不信世界的惟一方法，是透過電視新聞或互聯網的資訊。筆者認為要實現保羅的理想，現代教會需要簡化它的架構，以致它的領袖可以有時間透過社會網絡或個人興趣去接觸非信徒，而不會被視為懶惰或不聖潔。

另外，信徒生活方式的基礎十分重要，他們應牢固地以終末論為生活方式的基礎。它是建基於耶穌將會得勝這敘事之上的；而當研讀保羅與提摩太所討論的，便該明白保羅是在討論一種價值觀。保羅認為，今生看為正確或美好的事情，可能對於將來是有害的。保羅對未來的觀念支持著他過去的忠心事奉。同樣地，教會和個別信徒的投資應該也放在有意義、卻不一定立即有益於今生的事情上。精明的投資是憑著信心，相信那仍未實現的終末論，而不是受著當下現實的影響，只按著今生的好處行事。

論到危機處理，保羅的終末論觀點帶著強烈的反帝國勇氣。保羅在給提摩太的鼓勵中，大膽地稱耶穌為主和公義的法官，而在這段經文裏包含著兩個互相較量的敘事。透過生動的隱喻，保羅希望說服提摩太認同他的敘事，而不是世俗社會建構的敘事。保羅告訴提摩太的敘事，必定是當時的信仰羣體所認同的。這個危機處理的策略和反帝國的修辭表達，十分配合保羅原初所信的猶太福音，它包含著猶太人的歷史觀，即相信歷史中發生的事是有特別目的的。這目的如今有部分因著保羅的離開，以及提摩太取代保羅的職事而實現了。

釋經短註

❶ 奈特（George W. Knight）指出三章 10、14 節的假教師為「冒充他人的騙子」（imposter）。他使用這詞，因為他們不但冒充他人，他們甚至是巫師。說他們是「冒充他人的騙子」，這是十分諷刺的，因為他們是假裝懂得法術，但其實他們的法術只是空談而已。參 George W. Knight, *The Pastoral Epistles: A Commentary on the Greek Text* (Grand Rapids, MI: Eerdmans, 1992), 441。

❷ 有關羅馬人對死亡的討論，可參 Stephen C. Barton, "Eschatology and the Emotions in Early Christanity," *JBL* 130 (2011): 582～586。

溫習及思考問題

1. 保羅這兩組囑咐包含了多少個吩咐？他用了哪幾個命令語氣動詞來表達這些囑咐？保羅用了哪些詞彙來表達他的囑咐是嚴肅的？你能否想像保羅當時的處境是怎樣的？他的心情是如何的？
2. 第一組囑咐如何與宣講有關？保羅如何吩咐提摩太作宣講？這些吩咐如何與提摩太當時的教會處境有關？你認為保羅為何在如此惡劣的環境中吩咐提摩太要持守宣講的職事？
3. 從保羅解釋他吩咐的原因，怎樣看出保羅的終末觀？領袖面對假教導和動盪不安的日子之時，通常會採取哪兩個極端的行動？你如何評價他們的行動？這對你有何提醒？
4. 第二組囑咐如何與提摩太的信仰生活有關？保羅使用了甚麼隱喻來描述他自己的事奉態度？
5. 保羅如何看死亡？他的看法與當時羅馬人的看法有何不同？你是否認同保羅的看法？你能否突破對死亡的恐懼？
6. 保羅為何將上帝比喻為法官？他這種修辭表達有甚麼目的？保羅如何論「賞賜」？這對提摩太有何重大意義？

第七章

最後的關注及結語

（四9～22）

- 保羅最後關注的事情
- 結語

經文

4 9 你要趕緊到我這裏來。10 因為底馬貪愛現今的世界，已經離棄
我，往帖撒羅尼迦去了；革勒士往加拉太去；提多往撻馬太去；
11 只有路加在我這裏。你來的時候把馬可帶來，因為他在服事上於我有
益。12 我已經打發推基古往以弗所去。13 我在特羅亞留給加布的那件外
衣，你來的時候要帶來，那些書也帶來，特別是那幾卷羊皮的書。14 銅
匠亞歷山大多方害我；主必照他所行的報應他。15 你也要防備他，因為
他極力抗拒我們的話。16 我初次上訴時，沒有人前來幫助，竟都離棄了
我，但願這罪不歸在他們身上。17 惟有主站在我身邊，加給我力量，使
我能把福音完整地傳開，讓所有的外邦人都聽見；我也從獅子口裏被
救出來。18 主必救我脫離一切的兇惡，也必救我進他的天國。願榮耀
歸給他，直到永永遠遠。阿們！

19 請向百基拉、亞居拉和阿尼色弗一家的人問安。20 以拉都在哥林
多住下了。特羅非摩病了，我把他留在米利都。21 你要趕緊在冬天以前
到我這裏來。友布羅、布田、利奴、革老底亞和眾弟兄都向你問安。
22 願主與你的靈同在！願恩惠與你們同在！

這部分可分為兩大段落：保羅最後關注的事情(9～18節)，以及結語(19～22節)。按照此書的大綱，結語理應屬於新的一章，只是因為它的篇幅十分簡短，故也列入這章一併討論。

7.1 保羅最後關注的事情(四9～18)

在結束這封書信之前，保羅提出他當下具體關注的事情。保羅並不是隨意地講出他關注的事，所表達的，都是他當時最需要的，這可以分為3方面作分析。

一、他需要同伴(9～12節)

保羅以「你要趕緊到我這裏來」(9節)作為段落的開始，反映了保羅確實十分渴望見到提摩太。保羅如此說，是否暗示仍有一些事情不便於以文字表達，而要當面言說？若繼續看保羅寫的內容，似乎保羅要讓提摩太知道，他極需要人伴在身旁。

所謂別人的離去，他首先提及的是3個離開了他的人。第一個是「底馬」(10節)。大概是在公元60年，當保羅寫信給腓利門之時，底馬仍與他一起(門24節「我的同工……底馬……」)。但是，「底馬」最終也走了。從保羅的表達，「底馬」是「離棄」了保羅，而且是因為「貪愛現今的世界」(即敵不過試探)往希臘去了。底馬放棄，很可能是因為要救自己的性命——他自己的性命，比在尼祿後期的殘酷統治下為福音冒上生命危險更重要。保羅提及的第二個人是「革勒士」(10節)。這人的名字在新約書卷只在此出現。保羅對這人與自己的關係沒有多作表達，但肯定提摩太也認識這人。若曾經陪伴保羅，他極可能是保羅的一位同工，或是受保羅的同工差派來服事保羅的人。保羅提及的

「撻馬太」位於尼哥坡里(保羅亦曾在此逗留；參多三12)以北。

第三個人是「提多」(10節)。保羅提到「革勒士」去了「加拉太」，而「提多」往「**撻馬太**」去。保羅沒有提及他們兩人離開的原因，但肯定與「底馬」的原因不同。他們可能是為了教會或福音事工而離去。保羅之所以提及這兩人，其重點並不在於指責他們，因為他接著說「只有……」(*monos*)，這只能反映他感到十分孤獨，而不是要羞辱離開的人(上文已分析過保羅這種感受，參1.3.2.1「保羅臨終前的境況」，頁17～18)。

保羅並不是一面倒的提及離開他的人，也提及仍留在他身邊的人——「路加」，然而，於保羅看，可惜的是「只有……」。這是保羅的一種修辭技巧。他沒有明顯用上類似「孤獨、孤單」的詞彙，但從人物的描述，已完全流露了他當時的心情。既有失去，也有得著。保羅吩咐提摩太不可獨自到他那裏，而是要帶著「馬可」去見他(11節)。他可能就是在保羅宣教的旅程中曾為其引起風波的那人(徒十五37～39)。在此，他稱讚「馬可」曾在他的服事上於他「有益」，就如路加甘願冒上生命危險，與保羅待在一起一樣。因此，馬可很可能已回到保羅的事奉團隊中，與他一齊並肩事奉。保羅在這段落最後提及的人是「推基古」。他是保羅一個十分重要的同工，因為他是保羅忠心的信差。❶「推基古」去了「以弗所」，而他離開的原因是保羅差派他離開。「推基古」極可能正為保羅辦一些事情。

二、他需要生活上的簡單物資(13節)

接著，保羅要提到他需要的物品。他吩咐提摩太除了帶馬可去見他，也要帶兩類物品。

第一，是「外衣」。保羅不是要求提摩太帶許多生活物資，令他生活得舒服一點(當然，即使保羅提出要帶其他物品，提摩太定必遵照而行)。保羅所要求的只是一件「外衣」。他要這物品,是為了禦寒(21節)。這「外衣」是他曾經穿著過的,因為那是他在「特羅亞留給加布的那件外衣」。為何保羅要取回曾經留給別人的衣服,這只能反映他當時已再沒有一件屬於自己的「外衣」,所以只能取回曾經留給別人的。

第二,是「那些書」及「那幾卷羊皮的書」。「書」(*ta biblia*)是一個複數名詞,它可能是指寫在蒲草卷上的經文。❷「羊皮的書」(*tas membranas*)可能是寫在動物皮上關於舊約經文的註釋或筆記;或可以指「那些書」的其中一類書,因為他在這裏使用了「特別是」(*malista*)。學者可能會為到這些「書」的物料而爭論不休,但有一點是肯定的:保羅畢生都看自己為一個學生。這對於某些把教育視為職業的踏腳石的現代人來說,這可能是難以理解的。但是,這只能反映保羅的好學,因為他已經結束了他的「職業生涯」,他再沒有任何原因去學習新的「職業技能」了。

三、他需要保證(14～18節)

保羅在這段經文中提出的兩件事,表明他需要一些保證。

第一,他需要保證福音得到捍衛(14～15節)。他在此指名道姓地提到「銅匠亞歷山大」。他可能是保羅曾經向提摩太提過的那個激烈反對保羅教導的人(提前一20),但沒有人能夠證明這一點。這人「多方害」保羅,導致保羅要詛咒他。雖然經文提到這人多次害保羅,但綜觀保羅在此書信所表達的,他似乎不怕迫害,也不會因個人受了虧損而詛咒人,除非這些事是與教會受虧損有關。因此,保羅即使說他多次受「亞歷山大」所害,但他感到最憤怒的,是這個人透過傷害他而打壓教會。保羅提到這人「極力抗拒我們【指保羅和提摩太】的話」,也就是指他反對耶穌福音的傳統。既是這樣,提摩太就必須防避他。

保羅詛咒這人，與他祝福忠心事主的人形成了強烈對比（參二 7～8）。祝福與詛咒的言詞展示出保羅的一種終末論式的修辭技巧。這不但道出保羅為福音、為教會著緊的心情，同時也鼓勵提摩太要在嚴峻的環境下堅持下去，並要剛強起來事奉上帝。

第二，他需要保證他對將來的盼望（16～18 節）。這段經文描述了他在這個嚴峻的環境下對將來的盼望。他先提及他「初次上訴」（16 節）。解經家對這「初次上訴」一般有兩個不同的解釋。有認為保羅是在描述他最後被起訴之前的那段時間，他為自己那種忐忑不安的狀況作申辯，又或認為是指他第一次在羅馬被囚，而在羅馬法庭上為自己申辯，而他最後得到釋放（參徒二十八章；西四 10）。假如提摩太後書一章 15 節是指同一件事，那麼第一個解釋是可行的。不過，筆者認為第二個解釋較為合理，因為保羅提到他在「所有的外邦人」面前宣講福音（17 節），而羅馬法庭是一個公開的場所。保羅當時的情況並不像經文字面所指的「沒有人前來幫助，竟都離棄了」他，當時肯定是有一些羅馬基督徒與他在一起，他只是在形容他孤單的心情而已。接下來保羅的一個隱喻「從獅子口裏被救出來」，是可以證明「初次上訴」是關於保羅首次被囚的（參徒二十八章）。「從獅子口裏被救出來」這隱喻來自但以理書六章，那裏記載但以理如何脫離獅子的口。假如保羅像但以理一樣，不只避過了死亡，甚至以偉大的上帝的見證人身分活著，那麼，「獅子口」的隱喻就說得通。故此，論到脫離獅子的口，施賴納主張保羅並不是在討論如何避過死亡，而是在討論如何避免叛教。他的說法相當大膽，然而，「獅子口」這隱喻並不配合施賴納的詮釋，因為但以理並沒有叛教，保羅同樣也沒有。就如 18 節所示，即使他過去曾免於「獅子口」，但這顯然不能幫助他免於當前的困境。但保羅將生命的保證投放在他的主——就是過去曾經拯救他的主——身上；保羅稱耶穌,而不是尼祿為主,這位主能「拯救他脫離一切的兇惡,也必救我進他的天國」。「一切的兇惡」是指一直攻擊保羅的教會內的煽動者——假教師。保羅的意思是他必平平安安地放下世上的生命,並安全地過渡到另一個生命。

最後,保羅以一個榮耀頌「願榮耀歸給他,直到永永遠遠。阿們!」來結束他書信的主體內容。這榮耀頌指出永恆的國度是屬於主耶穌的,而這國度會吞噬現今那暫時的國度。

信仰反省

中國人有一句偉大的諺語:「患難見真情」。在這書信的最後部分,我們見到保羅的真我流露出來了,他此時不再以「超級英雄」的形象出現。這幅事奉人生的圖畫,似乎逼真地將人生命的境況描繪出來,而且這是普世性的。保羅表達其英雄角色時,用上了修辭技巧;但當他表達他真實一面之時,他的修辭技巧同樣表露無遺。保羅表示他需要朋友,就反映了有人離開了他。保羅認為人在困難的日子裏離開自己,可以有兩個原因。第一,因為忙於其他事奉而離開。保羅沒有怪責這些人,因為無論在怎樣的境況中,人也必須繼續作工。第二,因為無法承受事奉上的困難,選擇了安於世俗的好處;再者,他們想遠離遭受逼迫的保羅,免得自己受連累。這也是事奉的實況。成就永遠比掙扎受歡迎。然而,保羅卻是以掙扎而非成就去結束他的職事。因此,真正的友誼並非在順境中、而是在逆境裏才能顯明的。

保羅另一個被忽略的性格特點是他深愛讀書。在現今的華人文化裏,學術研究往往是為了使自己的職業生涯更上一層樓,受教育可能是為了更高的收入。不少事奉人員(或教牧)以實用主義的心態來看教育,他們跑去進修,可能只是為了寫出更好的講章。結果,看似支持教育的華人基督徒文化還是頗為反智的。但亦有另些人剛好相反,他們從不尋求新的知識;更嚴重的是他們舊有的知識就會因而逐漸僵化、教條化。保羅不羨慕這種實用主義，也不反智。即使他正面對死亡，而他的事奉生涯也要結束，但他仍想拿起書本。保羅熱中學習，並不是為了他的事業或要預備講章，而是為了知識，為了教育。一瞥保羅的這一面，就能看見他之所以偉大的原因了。保羅對待知識的態度應該成為所有華人基督徒教育工作者的挑戰，而保羅學習的態度反映了教育的真正目的。保羅不斷學習，以預備迎見他的主。換言之，教育本身（在基督教處境下）主要是為了預備信徒的屬靈生命。那些認為知識會令人自高自大的人會這樣想，凡好學的人都是為搏取尊榮——像哥林多人一樣，把知識理解為取得尊榮的途徑（他們大多誤解了哥林多前書八章1節的意思）。對保羅來說，知識是為裝備自己去迎見他的主。因此，難怪保羅是最偉大的老師和信仰的護衞者。

即使是屬靈超人也會在冬天感到寒冷。保羅的「透明度」就是他吸引人的地方。這一面的保羅往往沒有人留意到。很多人只看見保羅強勁的事奉態度，結果，很多牧者嘗試活出那個超人的形象，其結果可想而知。聖經從沒有這樣要求事奉者。大部分牧者都不敢表達他們個人的感受，或請會友為自己代禱。今天牧者的這種這超人的理想，阻礙了他們活出的自己的機會，這使得很多牧者的屬靈生命不健康。從保羅的著作可見，他並沒有主張每位牧者都要對所有人開放自己，但保羅卻沒有向他的戰友和入室弟子——提摩太——隱藏甚麼。他在這裏的直率表達，表明了每位牧者都需要屬靈伙伴。這才是健康的屬靈生命的關鍵。

保羅在信中提及的所有處境，都是訴諸終末傳統的。他並不是要逃避當下的危機，也不期望提摩太去逃避它。保羅也沒有美化那些危機處境，他借用但以理書這古代文本，為要表明堅忍的人才是真正的英雄。保羅也清楚列明他需要提摩太為他帶來的物品，表示他並沒有將自己打造成一個完美的超人，到一個地步是不需要任何幫助的，他為了得到他人生最後一刻所最需要的東西，而要求提摩太帶物資給他。有趣的是，保羅要到書信的結尾才表達他自己有這樣的需要。保羅如此的修辭表達是刻意的，為的是對提摩太提出任何個人要求之前，先給予提摩太勇氣去面對死亡。

保羅的反帝國的修辭技巧在這最後段落尤其強烈。保羅檢視羅馬政府當時的情況之時，刻意按著法律處境來建構他的敘事。凱撒雖然是羅馬的最大法官，然而，保羅認為沒有人比他的主更有資格審判他；事實上，他並不大理會他這樣的描述會否為他帶來危險。❸ 藉著使用源自耶穌傳統的帶政治色彩的詞彙，保羅認同耶穌的國度，並抵擋世俗的國度。

7.2 結語（四 19～22）

此書信的結語可分為兩部分：問安語（19 ～ 21 節）及祝福語（22 節）。

7.2.1 問安語（四 19～21）

保羅這個問安亦可以分為兩部分：向那些當時不是與保羅一起的同工問安（19～20 節）；與保羅一起的同工向提摩太問安（21 節）。

在第一部分要問候的人包括：

- 曾身處哥林多（參羅十六 3），現在卻在亞細亞的「百基拉和亞居拉」夫婦。
- 「阿尼色弗一家」。保羅曾在一章 16 節提及這一家人（參 4.1.2「正面的例子〔一 16～18〕」，頁 89～94）。
- 「以拉都」。這人是在哥林多作官長的（羅十六 24；徒十九 22）。❹ 這些人很可能都是教會中富裕的恩庇者。
- 「特羅非摩」。這位特羅非摩是保羅第三次宣教旅程的同工（徒二十 4，二十一 29）。這人住在亞細亞的「米利都」。他可能原本要離開這城，保羅亦沒有解釋他離城的原因；不過，他當時病了，所以保羅除了向他問安，也請他留在家中養病。

在第二部分，保羅提及與他在一起的人，他們是「友布羅、布田、**利奴**、革老底亞和眾弟兄」。保羅代他們向提摩太問安。

「利奴」可能是羅馬第一位主教（參愛任紐〔*Eusebius*〕的「反駁異端」〔*Adversus Haereses*〕3.3.3及「教會歷史」〔*Church History*〕3.2, 13）。

7.2.2 祝福語（四 22）

這祝福的內容是「願主與你的靈同在！願恩惠與你們同在！」它雖然是祝福語，但卻更像是道別語。它的內容既可以是向個人說的，亦可以是向羣體說的。其分別在於這節經文的上半句和下半句使用了不同的第二人稱代名詞。上半句祝福的對象是「你」，下半句的對象是「你們」。從這不同的代名詞的使用，可以反映保羅這封書信既是寫給提摩太個人的，同樣也是可以公開傳閱的。即使受信人是個人的，但保羅仍有一個胸懷，希望藉此書信鼓勵更多處於危機中的領袖！

釋經短註

❶ 有關推基古與保羅的關係，可參曾思瀚：《僕人領袖的教導與領導——提多書、提摩太前書析讀》，曾景恒譯（香港：基道出版社，2013），頁 56、161。

❷ 有關 13 節的「書」（*ta biblia*）可能是指寫在蒲草卷上的經文這方面的討論，可參 Jerome D. Quinn & William C. Wacker, *The First and Second Letters to Timothy: A New Translation with Notes and Commentary* (Grand Rapids, MI: Eerdmans, 2000), 629。

❸ 他博（James D. Tabor）指出「以諾一書」提及「十個七的啟示」（Apocalypse of Weeks）是一個很早的證據，證明一個線性式的禧年看法。這個線性式的歷史觀顯然與聖經的觀念相符，同時也在保羅這段看似無望的日子中，影響了他的世界觀。關於這討論，可參 James D. Tabor, "Ancient Jewish and Early Christian Millennialism," *The Oxford Handbook of Millennialism*, 257。

❹ 對 21 節提及「以拉都」的背景，不同學者有不同見解。古狄奇（John K. Goodrich）認為他是一位司庫。另亦有學者認為他不是信徒，只是與保羅有些聯繫而已。持第二個觀點的學者有費利遜（Steven J. Friesen）。他提到曾刻上「以拉都」的碑文，但那是屬公元 2 世紀的；因此，保羅提及的以拉都未必是碑文中提及的那一位。古狄奇提供了詳盡的資料支持費利遜的論點，其中包括一些碑文。在結論中，費利遜指出保羅書信中的以拉都並不是基督徒，因為羅馬書十六章提到他名字之時，沒怎麼描述他有基督徒的特徵。有關他們的論點，可參 John K. Goodrich, "Erastus of Corinth (Romans 16.23)," *NTS* 57 (2011): 584 ～ 593；Goodrich, "Erastus, *Quaestor* of Corinth," *NTS* 56 (2010): 90～115；Steven J. Friesen, "The Wrong Erastus," in *Corinth in Context*, NovT Sup, 134, ed. Steven J. Friesen, Daniel N. Schowalter & James Walters, (Leiden: Brill, 2010), 231～256。

溫習及思考問題

1. 保羅最後關注的是哪些事情？保羅是否毫無界線地向人公開他的需要？你如何看一個教會領袖向其他人公開他的需要？如何分辨他的需要是否真實？
2. 保羅落在甚麼處境中，令致他需要朋友？他如何看那些離開了他的戰友？
3. 保羅如何表達他生活上的需要？能否從他的需要想像到他被囚的實際光景？你有沒有經歷過貧窮？你如何面對這些處境？
4. 如何看出保羅是一個愛閱讀的人？他閱讀的原因是甚麼？你有否閱讀屬靈書籍的習慣？你如何培養這習慣？
5. 學者如何解釋保羅所說的「初次上訴」（16 節）？「從獅子口裏被救出來」這隱喻帶著甚麼意思？保羅直呼耶穌是主（17 節），這會使他面對甚麼樣的危險？你認為在怎樣的情況下才會生出保羅這種無懼的勇氣？
6. 試列出保羅在問候語中所提及的人物。你對他們有多少認識？從保羅的問安語中，你得到甚麼提醒？
7. 保羅這封書信是寫給哪些人閱讀的？提摩太後書的內容反映了保羅哪方面的性格？若要為保羅的人生作總結，你將如何編寫？你從他身上學到甚麼屬靈功課？